第三辑

守望精神家园

周北辰/著

知识产权出版社
全国百佳图书出版单位

图书在版编目（CIP）数据

守望精神家园 / 周北辰著. —北京：知识产权出版社，2017.9
（儒生文丛 / 任重主编. 第三辑）
ISBN 978-7-5130-5115-6

Ⅰ.①守… Ⅱ.①周… Ⅲ.①儒学—文集 Ⅳ.①B222.05-53

中国版本图书馆CIP数据核字（2017）第220677号

内容提要

儒家文化是中华文明的主流传统，五千年来为我们提供了精神信仰、伦理道德和政治哲学，并因此建构了中国人的精神家园。本书为作者关于儒学的学思小结，从生命信仰、伦理道德、社会政治等方面进行了深入思考，对建设良性的现代国家和长治久安的社会秩序，提供了有益的启示。

责任编辑：江宜玲　　　　　　　责任校对：谷　洋
封面设计：张　冀　　　　　　　责任出版：刘译文

守望精神家园

周北辰◎著

出版发行：	知识产权出版社有限责任公司	网　　址：	http://www.ipph.cn
社　　址：	北京市海淀区气象路50号院	邮　　编：	100081
责编电话：	010-82000860 转 8339	责编邮箱：	jiangyiling@cnipr.com
发行电话：	010-82000860 转 8101/8102	发行传真：	010-82000893/82005070/82000270
印　　刷：	北京科信印刷有限公司	经　　销：	各大网上书店、新华书店及相关专业书店
开　　本：	787mm×1092mm　1/16	印　　张：	12
版　　次：	2017年9月第1版	印　　次：	2017年9月第1次印刷
字　　数：	167千字	定　　价：	42.00元

ISBN 978-7-5130-5115-6

出版权专有　　侵权必究
如有印装质量问题，本社负责调换。

"儒生文丛"总序

儒生者，信奉儒家价值之读书人也。"儒生文丛"者，儒家读书人之心声见于言说者也。近世以降，儒家斯文扫地，儒学几近中绝。国人等儒学于土苴，士夫视孔道为寇仇，遂使五千年尧舜故国儒家读书人渐稀，亿万万中华神胄儒生难觅！然则，所谓儒生者，儒家价值之担当者也；儒家价值者，神州中国之传承也；中国不复有儒生，是儒家价值无担当，中国之价值有所欠缺也。悲乎，痛矣！寅恪翁之言也！

今日中国，儒道再兴。儒生之见于神州大地，数十载于兹矣。今日中国文化之复兴，亦需今日儒生之努力，而儒家价值之传承，亦端赖今日儒生之兴起也。

"儒生文丛"主编任重君，儒生也。倾一己之力，编辑"儒生文丛"，欲使国人知晓数十年来儒家回归、儒教研究与儒学复兴之历程，进而欲使今日之中国知晓当今儒生之心声。故"儒生文丛"之刊出，不特有助于中国文化之复兴，于当今中国之世道人心，亦大有裨益也。

壬辰夏，余山居，任重君索序于余，余乐为之序云。

盘山叟蒋庆序于龙场阳明精舍俟圣园之无闷居
（吹剑修订于 2015 年）

前　言

余治先圣先王之学，虑家国天下之事，凡二十余年，所得者有二。

其一，圣人之道为常理、常道。荀子曰："天行有常，不为尧存，不为桀亡。"圣人之学实为"道学"，治儒学者，须以"求道"为宗旨。若背离于此，其学必为"谋食"之学。如是，则于己于人，于家于国，均无所益。

其二，与时偕行，其道光明。完善的制度是在旧制的基础上因时创新的结果。行止进退，不失其时，才能顺乎天道而又合于时中。横渠先生曰："天理者，时义而已。"一切礼法与制度必须合于时中，为时下的人们所接受，天道、天理才能在世间落实而得以弘扬。

良性的现代社会与美好的制度，始终是中华民族百年来的期盼所在。而良性现代社会的实现和美好制度的建构，其与天道、人道，与性命之道、人伦之道，与政道、商道都相互纠缠。唯有明正学，弘正道，与时偕行，方能使我们的社会理想得以圆成。

本书所收文章乃笔者近作，其于天道、人道，于政道、商道均有所关涉，算是笔者近年来之学思小结。若读者能有所共鸣，则余愿足矣。

周北辰
2017年夏于深圳

目 录

为孔子正名……………………………………… 1
论儒家人格……………………………………… 11
论儒家礼乐……………………………………… 24
儒家的贫富观…………………………………… 41
国民教育之道…………………………………… 50
孝道的真精神与真价值………………………… 60
儒家的生死之说………………………………… 70
儒家神灵谱系…………………………………… 80
核心价值与立法原则…………………………… 89
企业家的生命价值和存在意义………………… 105
儒商精神与企业管理之道……………………… 121
弘扬儒商精神　对治经济危机………………… 141
周北辰访谈录…………………………………… 150
阳明精舍序……………………………………… 164
圣陶诗稿………………………………………… 167

为孔子正名

一

对于今天的中国人来讲,孔子是一个既熟悉又陌生的名字。说熟悉是因为无人不知他的存在;说陌生,是因为我们并非真正地了解他。

近百年来,在人们的眼里,孔子有时候是"封建糟粕"的代表,有时候又是民族优秀文化的象征;人们有时候把孔子看作中国落后挨打的根源所在,有时候又把孔子看作民族精神力量的源泉;时而对孔子进行抨击和批判,时而又给予至高无上的评价。

与此同时,韩国和日本举行庄严的祭孔大典,把孔子当作神灵来祭祀;美国把孔子当作人类历史上最重要的立法者,并将他的雕像镶嵌在美国联邦最高法院的门楣上。

今天,传统文化的复兴已是大势所趋,孔子又一次成为时代的焦点。迄今为止,中国政府已经在海外建立了数百所孔子学院。在民间,与孔子及儒家文化有关的社团组织、研究机构、读经学校、网站刊物等,如雨后春笋般涌现出来,形成了蔚为壮观的孔子热潮。

那么,我们应该怎样看待孔子身上所折射出来的奇特文化现象呢?我们应该怎样认识和定位孔子呢?这个问题不回答清楚,我们就不能真正认识和了解孔子及其所代表的中国文化。

时代精神的培育和核心价值体系的建构,有赖于传统文化的复兴。认识传统必须从认识孔子开始，而要真正地认识和了解孔子，就必须首先为孔子正名！

子曰："必也正名乎！"

名不正，则言不顺；言不顺，则事不成；事不成，则礼乐不兴；礼乐不兴，则刑罚不中；刑罚不中，则民无所措手足。(《论语·子路》)

孔子的学生子路问孔子，管理好一个国家和社会，首先要做的事情是什么？孔子回答说，是"正名"。在孔子看来，无论是一个人还是一个国家或社会，都必须名副其实。这是政治清明、社会和谐的关键所在。如果名不符实，则一切都是虚的、假的，整个世界都会显得荒唐！

要真正认识和了解孔子，我们就必须给孔子正名，给予孔子应该有的名分和地位，还原一个名副其实的孔子！只有这样，我们才能领悟孔子思想的真正内涵和价值。

首先，我们来看看孔子在国际上的定位。

联合国教科文组织列出了为人类做出巨大贡献的十大文化名人，孔子居首！

其余九人依次为：

柏拉图　　　　　（古希腊哲学家）
亚里士多德　　　（古希腊哲学家）
哥白尼　　　　　（波兰科学家）
牛顿　　　　　　（英国物理学家）
达尔文　　　　　（英国生物学家）
弗兰西斯·培根　（英国哲学家）
托马斯·阿奎那　（意大利神学家）
伏尔泰　　　　　（法国哲学家）
康德　　　　　　（德国哲学家）

这九位名人，有的是哲学家，有的是神学家，有的是科学家，他们都是西方文明史上的重量级人物。

但我认为，这九位重量级人物中，没有任何一位能够跟孔子相提并论。这个评定是对孔子最大的误解！

在人类历史上，有四大文明体系。这四大文明都是超越国界、超越种族的，并且至今对人类的社会生活有着广泛而深刻的影响。这四大文明是：

基督教文明

伊斯兰文明

佛教文明

儒教文明

换句话说，在人类文明史上，只有三个人有资格跟孔子相提并论，那就是：

耶稣基督

释迦牟尼

穆罕默德

这三个人和孔子一样，都是人类文明最重要的缔造者，他们在各自的文明体系中都是至高无上、不可僭越的圣人，绝不是通常意义上的哲学家、神学家、科学家可以与之相提并论的。

所以，我认为：孔子入选世界十大文化名人，这件事没有什么值得中国人感到骄傲和自豪的，因为这恰恰贬低了孔子在人类文明史上的地位和贡献。

我们再来看看孔子在近代中国历史上的定位。

综合近代以来的历史教科书和汉语词典，对孔子有如下通行的定义：

孔子是中国古代著名的思想家、教育家、儒家学派的创始人。

我认为，对于孔子的这个定位，也是错误的！

在中国五千年的历史上，思想家、教育家灿若群星，这一定位把孔子降格成了众多思想家、教育家中的一员。我认为，孔子是中华文明的主要缔造者和集大成者，是中华文明史上至高无上的圣人，绝不是一个思想家、教育家可以定义的。

从来没有人说耶稣基督是伦理学家，称释迦牟尼为哲学家。称孔子为思想家、教育家，是贬低了孔子在中华文明史上的地位，抹杀了孔子对中国历史文化的特殊贡献！

另外，儒家也并不仅仅是一个"学派"，不仅仅是诸子百家中的一家，儒家是具有五千年辉煌历史的中华主流文化传统。

儒家文化从三皇五帝、尧舜禹汤、文武周公，直到孔子，再经孟子、荀子、董仲舒、文中子、朱熹、王阳明，五千年一脉相承。

中国文化是"一统多元"的文明，儒家文化是主流传统，是王官学，用今天的话来讲就是占统治地位的思想。儒家是"一统"，诸子百家是"多元"。著名儒学大师马一浮先生曾说过：

诸子源于六艺。

马一浮先生的意思是说儒家六经《诗》《书》《礼》《乐》《易》《春秋》是整个中国文化的源头，诸子百家各种思想学派都是从儒家"六经"中发展而来。比如：法家源于儒家《礼经》；道家源于儒家的《易经》；墨家源于儒家的《书经》。其中，法家的代表人物韩非、李斯都是荀子的学生，而荀子则是儒家的圣人。由此可见，诸子百家与儒家的渊源颇深。

孔子也不是儒家文化的创始人，儒家文化在孔子以前就已经存在了三千年。孔子只是儒家文化与中华文明的一位集大成者，而不是创始人。

子曰:"周监于二代,郁郁乎文哉!吾从周。"(《论语·八佾》)

孔子说,周代的礼乐文教是在继承和损益夏商两代的基础上发展起来的,繁盛而美好,他认同并继承周代的礼乐文教与典章制度。

不难看出,孔子的文化创造是在继承先王之道的基础上进行的。因此,孔子自称对于中国文化是"述而不作",所以说,孔子并不是儒家文化的创始人。

孔子虽然不是儒家文化的创始人,但是他的功德却远在创始人之上。从古人为孔子立的牌位,我们可以看出孔子在中华文明史上的地位:

大成至圣文宣先师　位
大成至圣文宣王　位

"大成"是说孔子是中国文化的集大成者。

"至圣"是说孔子是中华文明史上至高无上的圣人,任何人都不能僭越。

"文宣先师"指孔子是中国历史上千秋万代的万世师表。

"文宣王"则定位孔子是中国文化的王者。

春秋公羊学中有"孔子为王说",就是尊孔子为王。孔子是中国文化之王,故称"文王";孔子是无位之王,故称"素王"。

在曲阜孔庙的大殿立柱上,刻有龙的浮雕。在古代中国,龙是帝王象征,这充分说明,孔子享有帝王的礼制,与帝王同格,是"九五之尊"。

我们再看看,孔子行教像右上角的两句话:

德侔天地,道冠古今
删述六经,垂宪万世

"德侔天地"是说孔子的德行像天地一样高远、博大、厚重。

"道冠古今"是说孔子之道贯通古今,是永恒不变的常理、常道。

"删述六经"指孔子删诗书、定礼乐、赞周易、修春秋,从而使中国文化正式定型并走向成熟。

"垂宪万世"是说孔子为万世立法。

千百年来,传统中国民间社会及家庭也供奉"天地君亲师"牌位,这集中体现了传统中国的主流信仰。在这里,"天地"代表神灵;"君"代表先王,即三皇五帝、尧舜禹汤、文王武王;"亲"代表祖先;"师"代表圣人,就是孔子。

孔子与天地、祖先、圣王一起被人们供奉和祭祀,成为人们信仰的对象。由此可见,孔子在中华文明史上具有的超越地位。

二

近百年以来,在西方殖民主义列强的扩张和压迫下,在民族救亡的历史悲情中,全面反传统思潮曾一度泛滥。中国的教育业也走上了一条西化的道路。

人们对于自己的传统越来越陌生,对孔子也多有误解。比如,很多人说孔子歧视妇女,讲男尊女卑,理由就是根据《论语》中的一句经文:

子曰:"唯女子与小人为难养也!近之则不逊,远之则怨。"(《论语·阳货》)

很多人据此认为,孔子把妇女与小人等同看待,这是对妇女的歧视。很多人,尤其是很多女同胞因此对孔子深恶痛绝。其实这是对经文的误读,从而导致了长期以来人们对孔子的误解。

儒家讲男女有别,对男人和女人的称呼都是有区别的。"君子""小人"是对男性的称呼。男性中,有德者为君子,无德者为小人。而女性中的有德者，则称其为"淑女"，无德者称其为"女子"。

所以，这句经文的意思应该是：男性中无德的小人，和女性中无德的女子都是很难相处的，亲近他（她），他（她）就会对你无礼；疏远他（她），他（她）就会怨恨你，真是近不得、远不得，亲不得、疏不得，很难相处。

解读经典，就是要阐述孔子的本意，而不是谈自己的"心得"和观点，更不能把经典解释当作文言文的白话翻译。今天，像这样的误读与误解不胜枚举。为孔子正名，首先就要正本清源，要澄清对经典的误读和对圣人的误解。

当然，除了正本清源、澄清误解，要为孔子正名，还必须给予孔子应有的尊重和敬畏。

孔子曰："君子有三畏：畏天命、畏大人、畏圣人之言。"（《论语·季氏》）

孔子说，对于天命、天理，对于圣人，对于经典，我们都必须怀有敬畏之心。一个人，只有对天地、圣人和经典心怀敬畏之心，才能拥有内在规范和道德自觉。

当今中国，有些人由于没有敬畏之心，天不怕地不怕，任何伤天害理、泯灭良知的事情都敢做。官员贪污腐败，商人不讲诚信，医院以谋利为宗旨，学校以创收为目标，豆腐渣工程、毒奶粉、地沟油屡禁不止。这一切都是因为我们没有敬畏之心导致的。

日本、韩国在历史上都是受儒家文化影响深远的国家，尊孔崇儒是他们的传统。

我们看看日本、韩国是怎么尊孔的。

【案例一】

明治维新时期，日本文部次官在孔庙用手中的文明棍挑起孔子圣像的布幔。这个举动被视为对孔子的大不敬，引起社会公愤。士子及官员纷纷上书天皇，称不杀不足以平民愤。最终，这位文部次官被处以极刑。

【案例二】

韩国是历史上受儒家文化影响至深的国家之一，儒家的礼乐文化在韩国得到了很好的保护和传承。

成均馆大学是韩国著名的大学，设立于1398年，拥有六百年悠久的历史。成均馆大学的校训为"仁义礼智"，办学理念是"修己治人"，这些都是儒家的道德价值。成均馆大学传承儒家文化，六百年来为韩国社会各界培养了一大批优秀人才，为韩国政治、经济和文化的发展做出了巨大贡献。

直到今天，在面值一千元的韩币上还印着韩国历史上著名大儒李退溪的画像，以及他曾经讲学的陶山书院。

正因为日本、韩国等国家尊孔崇儒，把孔子思想和儒家文化作为国家进行现代化建设的指导思想，所以才建构出不同于西方欧美模式的东方现代化模式，创造了东亚经济奇迹。

由此可见，传统与现代并非势不两立，孔子思想与儒家传统不仅不是现代化的障碍，而且恰恰是我们进行现代化建设所不可或缺的软实力资源。

孟子说："五百年必有王者兴。"儒家圣王之道兴替的周期大约是五百年。

在中国历史上，每隔五百年左右，就会有圣人复出，王者兴起。中华文明以五百年为限，呈现周期性的复兴。

从周公到孔子：五百多年。

从孔子到董仲舒：四百多年。

从董仲舒到唐朝开国：四百八十多年。

从唐朝开国到朱熹：五百多年。

从朱熹到王阳明：五百多年。

从王阳明龙场悟道至今：五百多年。

我们不难看出，中国文化具有强大的生命力和自我修复、自我革新的能力。正因为如此，中华文明才成为人类历史上唯一没有中断过的文明。

西方现代文明统治世界迄今为止已经五百年，在人类现代化的过程中，西方文明为人类社会的发展做出了巨大贡献。但同时，也给人类带来了巨大的灾难：资源枯竭、环境破坏、核子威胁、种族矛盾、拜金主义等。

人类如果想要纠偏现代化，避免现代化带来的灾难性后果，就必须走出一条真正和平的、可持续发展的道路。

那么，这条路在哪里呢？

英国著名历史学家汤因比认为：中国有着人类社会所需求的可贵的"天下主义精神"，只有中华文明才能真正给世界带来永久和平。

汤因比指出：世界的未来在中国，人类的出路在于中华文明！而孔子，正是中华文明的代表和象征！

二百年前，一位欧洲巨人拿破仑曾说：

中国是一头睡狮，一旦醒来将震惊世界！

二百年后的今天，中国国家主席习近平在欧洲大陆拿破仑的故乡正式宣布：中国这头睡狮已经醒了！

"醒了"是什么意思？

"醒了"，就是不再沉睡，就是恢复了知觉，有了精气神！

这是一种力量的恢复，思想的解放，精神的觉醒，文化的自觉！这是综合国力的提升。

2013年11月26日，习近平主席在山东曲阜孔子研究院发表了重要讲话，表达了中央政府大力弘扬儒家传统文化、尊孔崇儒的决心。

孔子和儒家思想的很多观点方法，对人类文明思想宝库有很大的贡献，提出了很多基本观念。

中华优秀传统文化是中华民族的突出优势，是我们最深厚的文化软实力！

——习近平《在孔子研究院座谈会上的讲话》

不错，孔子的思想是中国不可或缺的文化软实力，儒家传统是我们建构时代核心价值体系的重要资源。

可以断言，随着中国经济的发展和综合国力的提升，中国必将掀起一场轰轰烈烈的文化复兴运动！

中国将迎来一场思想文化领域的大解放——这必将伴随着对民族传统文化的重新认识，对孔子的重新评价和定位！

师尊则道尊，孔子的尊严就是中国文化的尊严！

孔子是全人类的，但他必须首先是中国的。如果我们不能给予孔子应有的历史文化地位以及足够的尊重和敬畏，那么，我们又怎么能够真切体悟孔子的思想？又如何去继承孔子的精神财富呢？

"众里寻他千百度，蓦然回首，那人却在灯火阑珊处。"一百多年来，中华民族在屈辱与苦难当中不断寻觅，历尽千辛万苦之后我们才发现，治国平天下的真理原来掌握在他的手里，他就是——孔子。

天不生仲尼，万古如长夜！

——中国古语

论儒家人格

一、人格的含义

天地万物，人间世界，是从哪里来的？按照儒家的说法，这一切都是上天化生的！

大哉乾元，万物资始，乃统天。(《易经·乾卦》)

根据儒家经典义理，人间世界、宇宙万物都是上天化生。上天化生万物的时候，赋予了万物以不同的物性。所以不同的事物呈现出不同的特征，世界因此而显得丰富多彩。同时，由于天赋不同，同样的物种在品质上也有很大的差别。

比如：同样是苹果，有的香甜，有的酸涩，有的外表漂亮，有的长得丑陋。同样是翡翠，品质有天壤之别，一个低档的翡翠手镯才几百块钱，甚至几十块钱；而一个高档的玻璃种的翡翠手镯，可以价值数百万，甚至上千万元。为什么？因为品质不一样！

世间万物的品质有差别，人的品质同样也有差别。由于品质的差别，形成了人的不同品格，这就是我们通常所说的人格。

人格的形成，有天赋的因素，也有后天文化环境的影响。在人类文明史上，每一个文明都非常重视人格的培育和塑造。可以说，文化的本质就是培育和塑造人格。

不同的文化背景造就不同的人格类型。欧洲人、非洲人、亚洲人，法国人、德国人、日本人、中国人……由于文化背景的差别，都显示出不同的人格特征。

文化，是"人文化成"的意思，就是通过人类所特有的文明形式对人进行教化，从而培育和塑造人格。

> 观乎天文，以察时变；观乎人文，以化成天下。（《易经·贲卦》）

人文，就是人类社会所特有的文明形式，对于中国文化而言具体表现为儒家礼乐文教制度。朱子曰：

> 道之显者谓之文，盖礼乐制度之谓。（朱熹《四书集注·论语·子罕》）

道，是一个文明的核心价值与根本精神；文，则是这一核心价值与根本精神的载体和形式，即诗书礼乐及典章制度。化，就是教化，即通过诗书礼乐的陶冶，变化人的气质，从而提升人品、培育人格。

儒家传统特别关注道德教化与人格塑造，在儒家看来，人性的完善与否就在于看他能否"成德"。"成德"就是成就道德人格，人性的完善过程就是道德人格的培育过程。注重对道德人格的培育，是儒家文化的本质特征。

二、人格的等差

（一）大人与小人

在儒家看来，人的品格是有等差之分，有贵贱之别的。人品等级的划分并不以社会地位和贫富为标准，而是以道德人格为标准，以人的德性和生命境界为标准。有德者贵，无德者贱；德高者贵，德不及者贱。也就是说，道德品质是衡量人格高低的标准。

根据人的德性及道德人格高低，儒家把人分成若干等级，由低至高分别为：

恶人—小人—常人—君子—贤人—圣人

常人以下为小人、恶人。常人以上为君子、贤人、圣人。小人与恶人均为败德之人、无德之人。小人无德，与恶人相比，其败德的程度较轻。恶人则伤天害理，给他人及社会带来祸患和灾难。小人败德，为一己私欲，斤斤计较，无善德之行，损人利己，但未必会带来严重后果。

常人就是普通人，退一步而为小人，进一步则为君子。常人以其数量巨大，可塑性强，因而是儒家教化的重要对象。

君子，是儒家所推崇的现实人格，也是常人进德可为的人格。使常人进德为君子，这是儒家教化的主要目标。

圣贤人格是儒家的至善人格，圣贤之人亦称"大人"。所谓大人，就是大德之人、至善之人。阳明先生说：

大人者，以天地万物为一体者也，其视天下犹一家，中国犹一人焉。（王阳明《〈大学〉问》）

大人，胸怀博大，涵融万物，吞吐宇宙。有大仁大义，大情大爱。

圣人是儒家的最高人格，贤者次之。成圣成贤，是儒家修身的最高目标，这一目标为常人所难以企及。数千年的儒学史上，堪称圣贤的人可以说寥若晨星。何谓圣贤？横渠先生曰：

克己行法为贤，乐己可法为圣。圣与贤，迹相近而心之所至有差焉。（张载《张子正蒙》）

贤人与圣人德行一致，但其道德生命的境界是有差别的。能克制自己，法天道循天理而行者，称为"贤人"。大道圆成，与天合德，以身载道而为世人所效法者,称为"圣人"。圣人之德是为至德、盛德。

(二)士人与庶民

在价值层面,儒家把人分为大人与小人,而在现实操作层面,儒家把人分为两个阶层:士人与庶民。庶民就是普通的老百姓,就是常人;士就是读书人,且专指读圣贤书、学习儒家先王之道的人。

对于庶民,儒家的要求是比较低的。庶民可以务农,可以为匠,可以经商,可以从军。儒家对庶民在道德人格上的要求并不高。

> 冉有曰:"既庶矣,以何加焉?"曰:"富之。"曰:"既富矣,又何加焉?"曰:"教之。"(《论语·子路》)

这句话的意思是说,对于普通的庶民百姓,儒家的态度是首先要让他们富裕起来,然后再对他们实施教化,以完善其人性和道德。

也就是说,如果不让老百姓在物质条件上富裕,那么百姓就会心生怨恨,就得不到民心,这是人之常情;富裕了而不进行教化,那么人性得不到完善,道德人格得不到提升,那么就不好管理。

> 是故明君制民之产,必使仰足以事父母,俯足以畜妻子,乐岁终身饱,凶年免于死亡。(《孟子·梁惠王上》)

按照孟子的说法,对于庶民百姓,首先要让每个人、每个家庭都有自己的产业,能够上孝父母,下养妻儿,丰衣足食,同时还要具备抵抗灾害和风险的能力。只有当百姓的物质生活得到满足,人性得到完善,人格得到提升,社会才会长治久安。这就是儒家以民为本的治国之道。

儒家对于士人在道德人格上要求却非常高。所谓士,就是学圣人之道、求圣人之学的读书人。

士在现实生活中也可以有职业分殊:

入仕：为大夫
在乡：为绅士
隐居：为隐士
江湖：为侠士

传统四民为士农工商，士就是一个社会执掌知识精神文化大权的人。士大夫阶层为劳心者，为统治者；农工商则为庶民阶层，为劳力者。

只要为士，就必须忧国忧民，先天下之忧而忧，后天下之乐而乐。

穷则独善其身，达则兼济天下。
无恒产而有恒心者，唯士唯能。（《孟子》）

儒家的政治是士君子的政治，是仁政德治，对于管理阶层、统治阶层的士大夫而言，在道德人格上有很高的要求。在儒家看来，只有读圣贤书，求圣人之道，修身有成，道德高尚，人格光辉，才有资格从事社会管理。这样的人与庶民不一样，他不能只为自己活着，必须要有胸怀家国、兼济天下的精神境界和人格风范。

三、人格的培育

（一）大人之学

夫大人者，与天地合其德，与日月合其明。（《易经》）

大人就是大德之人，胸怀家国，兼善天下；小人则是为己之人，只为自己活着，这样的人即便是官再大、钱再多、学问再高，也只是小人。儒学就是大人之学，是学习做君子圣贤的学问。

儒家有一部经叫《大学》，就是指大人之学。所谓大学就是培养君子圣贤这样的大人人格的学问，就是教我们做君子圣贤的学问。大人的学问就是修身、齐家、治国、平天下的学问。

大学之道，在明明德，在亲民，在止于至善。(《大学》三纲领）

明明德就是让自己身上所固有的光明的德性，让那种上天赋予的神圣的、善良的本性得以呈现出来。亲民，就是要为天下百姓谋福利，把天下百姓都当作自己的亲人来对待。明明德就是内圣，亲民就是外王。能够明明德，能够亲民就能够达到内圣外王的境界，就能够达到至善的高度，实现最终级的理想人格。

格物、致知、正心、诚意、修身、齐家、治国、平天下。(《大学》八条目）

格物，就是充分地了解认知物性，穷万物之理；致知，就是让自己获得智慧，能够明辨是非善恶；正心，就是要做到心无妄念邪思；诚意，就是要诚实守信。只有做到这四点，才能够修身；只有修身有成，才有资格从事治国平天下的社会政治管理工作。

大学是培养君子圣贤这样的大人人格之学，而不是功名利禄之学，更不是知识之学、专业技能之学。儒家只教你做大人，做君子圣贤，至于你以后从事什么职业、干什么工作，那是另外一回事情。儒家不教人纯知识之学，也不教人专业技能。《论语》里面记载了这样一个故事：

樊迟请学稼。子曰："吾不如老农。"请学为圃，子曰："吾不如老圃。"樊迟出。子曰："小人哉，樊须也。"(《论语·子路》）

孔子指着樊迟的背影说，小人哉，樊须也！樊须到孔门，不求大人之学，不求圣贤之道，不求修齐治平之学，却求农耕、园艺等专业知识技能，所以孔子称他为"小人"。因为，在孔子看来，专业知识和技能之学都是小人之学，而不是大人之学。孔子只传授儒家大人之学，即修身、齐家、治国、平天下之学。

（二）君子不器

子曰："君子不器。"（《论语·为政》）

教育的本质首先是传道，所谓"道"，就是儒家圣人之道，先王之道。"器"则是与道相对而言的概念。

形而上者谓之道，形而下者谓之器。（《易经》）

器就是器物，是东西，是工具。孔子讲君子不器，就是说君子是有道之人，是有良知，有灵魂的。君子有自己的信仰，有自己的价值观，有自己的伦理道德规范。君子不器，就是说君子不能成为一个没有良知、没有道德人格的工具性人才，用今天的话讲就是不能成为一个没有良知的专家。

师者，所以传道、授业、解惑也。（韩愈《师说》）

没有了"道"，一切都将变得荒唐：无道的教育，只培养考试的机器，不关注精神的培育和人格的塑造；无道的医院只关注利润；无道的官员就贪污腐败，以权谋私；无道的商人就制假贩假，唯利是图。

没有光辉的人格，没有良知，那么为官就只能是贪官，经商就只能是奸商，治学就只能治稻粱之学，从事文化垃圾的制造，甚至为盗都只能是卑贱的无耻之盗。如果接受了圣人的教化，成为有道之士，那么为官则是清官，就会以民为本，先天下之忧而忧，后天下之乐而乐；经商他就会成为一个儒商，一手拿《论语》，一手拿算盘，就像《大学》里面所说的，以财发身。即使是被逼无奈，那也要成为侠士、义盗，除暴安良，替天行道，行侠仗义。

一百多年来，中国出不了第一流的思想家、哲学家、文学家，出不了第一流的学者，出不了第一流的社会活动家、企业家、科学家，究其原因，就是因为中国近代以来教育的西化、应试化和工具化，致使教育注重知识技能的培养，而忽视对人格的完善，对心灵的陶冶，对道德人格的提升，对生命境界的培育。

《上海教育》2012年做过一次调查，他们跟踪调查了3300名历届高考状元，发现在这3300名状元中，没有一个人成为行业领袖，没有一个人成为著名的企业家、社会活动家、科学家、哲学家和文学家。

这是中国近代教育的悲剧。中国的教育在一百多年的时间里，背离了教育的根本和宗旨。

儒学从本质上讲就是人格之学，儒家的理想人格就是士君子的人格，是圣贤的人格。儒家称君子圣贤人格为"大人"。之所以称为"大人"，是因为这样的人胸怀大，格局大，人格光辉，境界高远。

（三）礼乐教化

教化，是特指用圣人之道来对人进行气质涵养、道德培育和人格转化。与其他文明形态相比，儒家更关注道德教化与人格塑造，儒家经典无不具备教化功能。

> 温柔敦厚，《诗》教也；疏通知远，《书》教也；广博易良，《乐》教也；絜静精微，《易》教也；恭俭庄敬，《礼》教也；属辞比事，《春秋》教也。（《礼记·经解》）

儒家的"六经"，是分别从不同的方面，以不同的方式对人施教。儒家教化的目标是：唤醒良知、变化气质、提升生命境界、完善道德人格，让人产生源自生命内在的道德自觉，主动弃恶从善，从而形成良好的秩序，达至理想的管理效果。

根据儒家的经典义理，总结儒家教化模式如下。

1. 神教

圣人以神道设教，而天下服矣！（《易经·观卦》）

神教，即"神道设教"，就是在神圣的仪式中，在对神灵的敬畏中，去感悟神圣超越价值，去体悟天道天理，去接受圣人的教化。神，就是神灵，儒家有着庞大的神灵系统。千百年来，从帝王国君到士大夫，到普通百姓，都虔诚地信仰神灵。儒家，有着庞大的神灵体系，有着关于神灵系统、神人关系及神人沟通方式的系统阐述，这些神灵及教义在儒家的经典中都有详细的记载。儒家的神灵有以下七类。

（1）昊天上帝，是儒家的至上神，是人间世界的创造者和主宰。

（2）社稷神，位格仅次于昊天上帝，是配天大神。

（3）以孔子为代表的圣贤神灵，孔子为儒家大神，位格仅次于昊天上帝，与社稷神同格。

（4）以伏羲、黄帝为代表的民族先王神灵。

（5）家族祖先神灵。

（6）风雨雷电、山川河海等诸物百神。

（7）历代忠烈之士、节义之士、有大功德于民者，均列为祀典，成为儒家神灵。

这其实就是用宗教信仰的方式，让人们对超越神圣的价值保持景仰和敬畏之心。人对天地、祖先、圣人有了敬畏之心，就会拥有源自生命内在的、神圣的自我规范与约束力。这种神圣性的生命自觉是人们为善去恶，良知呈现的前提。没有敬畏之心，就是一个天不怕、地不怕的人，就是一个万恶敢为、伤天害理的人。

2. 诗教

圣人曰："兴于《诗》。"兴，就是开始、起始之意。兴于诗，就是说儒家的人格教化，首先是从诗开始的。诗，对于儒家传统，对于中国文化而言，有着特殊的意义。西方文化，把诗当作一种纯粹的文学创作形式，即诗歌。而诗对于儒家和中国传统文化而言，有着更为丰富和深厚的内涵。《诗经》被列入儒家"六经"，是儒家最为重要的经典之一。在儒家看来，诗不光是一种文学形式，更重要的是，它具有道德培育和人格教化的功能。"兴于诗"，就是说儒家的教化是从诗教开始的。

中国文化就是诗化的文化，诗在中国文化中是一个非常重要的元素，不懂诗就很难领悟到中国文化的真正魅力，因为诗的精神泛化到中国文化的一切领域。对中国而言，诗就是一种文化精神：中国的哲学是诗化的哲学，中国的人格是诗化的人格，中国的艺术也是诗化的艺术，甚至中国的政治也是诗化的政治，因此中国的理想人格也是诗化的人格。

绘画是有形的诗，音乐是有声的诗，政治是治世的诗，管理是行为艺术的诗。中国历史上，几千年来从来没有西方意义上的"专职诗人"，中国的士大夫、官员、乡绅都是诗人。诗，是中国读书人必备的一种素质和能力，也是一种人格特征。中国文学史上最优秀的诗人，要么是圣贤，要么是帝王，要么是官员，要么是隐士，要么是乡绅。中国历史上最优秀的人都是诗人，不懂诗，不会写诗，不具备诗人气质的人，在中国历史上很难成为第一流的人。一个合格的儒商企业管理者应该懂诗，应该具有诗人的气质和人格。

诗，历来就成为儒家教化的重要手段，成为儒者修身、养性、修德的首要方法。读诗和写诗，是中国人完善自身生命人格和道德人格的重要途径。从孔子到朱子，到阳明先生等历代圣贤；从汉高祖到汉武帝，到唐太宗，到康熙、乾隆，到毛泽东等历代帝王和政治家；从屈原到李白、杜甫、王维、白居易、苏东坡等历代官员，他们都是优秀的诗人，但谁都不是"专职诗人"。

不学诗，无以言。(《论语·季氏》)

诗，可以兴，可以观，可以群，可以怨。(《论语·阳货》)

中国的语言是诗化的语言，不懂诗，就学不好中国的语言，就不可能很好地掌握和运用汉语这一工具。当然，也就无法用汉语这一工具来进行精神文化的创造活动，也就不可能产生第一流的形而上学家、哲人、政治家和文学家。中国近代以来文化精神创造力贫乏，各个领域均不能涌现出第一流的大师，我以为其原因之一就是中国诗化精神的萎缩，诗教传统的式微。

今天，要培育士君子人格，就必须恢复儒家"诗教"传统。要用"诗教"这一种特殊的教化手段，去陶冶和培育良好的道德人格，滋养第一流的人才。凡是接受过良好诗教的人，凡是具有诗人气质的人，我们很难把他与平庸、肤浅、自私、阴暗、奸猾、歹毒等恶劣品质联系在一起。

3. 礼教

礼，就是礼仪。儒家文明是一个尚礼的文明，隆礼的精神气质与文化魅力使中国有了"礼仪之邦"的美誉。对于中国而言，礼既是一种仪式，也是一种行为的准则，一种外在的社会规范力量和管理模式。对儒家而言，礼还是重要的人格培育途径和教化手段。

在儒家看来，人都有私心，有欲望，有好恶。贫穷与苦难，是人之所恶；富贵荣华，是人之所欲。但如果没有外在的规范与制约，人就会因为私心主宰和人欲横流而泯灭良知，丧失自我。

礼，既能体人情，又能防世乱，是重要的社会规范力量，能够在超越契约、法律和制度的情况下为人间带来一个良好的秩序。"礼"所带来的秩序是"天地之序"。

> 礼之教化也微，其止邪也于未形，使人日徙善远罪而不自知也。（《礼记·经解》）

礼，能够防患于未然，止邪于未形，做到刑不用、罚不施而天下安宁。这就是礼的教化功能、治世功效和管理效果。"礼者，理也，圣人之成法。"礼就是天道，就是天理，就是人情事理。循礼就是循天理，学礼就是崇人伦，遵礼就是遵人道。

礼是维护社会秩序，对社会进行有效管理的重要手段。世无礼，则上下不明，贵贱不分，君臣无义，兄弟相残，朋友无信。如此，则奸心四起，人心紊乱，人伦尽丧。

人无礼则不生，事无礼则不成，国家无礼则不宁。(《荀子·修身》)

"是故礼者，君之大柄也。"礼教是重要的教化手段，是提升生命人格的重要途径。

4. 乐教

儒家之"乐"被称为"雅乐"，不是宽泛意义上的音乐艺术。所谓"雅"，即典雅纯正之意。"雅乐"是儒家祭祀典礼、宫廷仪礼及军事大典上演奏的音乐。在风格上，雅乐庄重、肃穆、宁静；曲调简单，节奏缓慢，声调平和。

儒家特别强调的是乐的道德意义与教化功能，而不是穷极音乐的表现力和艺术魅力，儒家赋予乐以神圣的道德内涵。

德音之谓乐。(《礼记·乐记》)

对于乐，儒家有自己的理解和特殊的规定性，乐具有"载道"和施行教化的特殊功能。乐以载道，与道相通。有德之音，载道之音，才堪称"乐"。

德音就是中正之音、平和之音、无邪之音、有德之音。能体现儒家天道天理，体现儒家中正理念与太和精神之音，就是德音。乐以中正为雅，以太和为雅。只要中正仁和，益于德教，利于化民成俗，就是德音雅乐。

与雅乐相对的是"郑声"。所谓"郑声"，即郑卫之音，原指郑国与卫国的地方音乐。郑声"淫于色而害于德"，是为"乱世之音"，为"淫乐"。德音为雅，奸声为郑。郑声淫乐，荒诞污秽，华丽奢侈，极耳目之欲，是小人之音、人欲之音、害德之音、乱世之音。

德音雅乐能够陶冶心性，培育人格，完善道德，是重要的教化手段和途径。

> 仁言不如仁声之入人深也。(《孟子·尽心上》)
> 乐者，通伦理者也。(《礼记·乐记》)

正因为乐与德相通，与政相通，具有别的形式不可取代的教化功能。故儒家重乐，崇尚乐教。

只有通过诗书礼乐的教化，通过治学穷理、积善成德、克己寡欲、格物致知、正心诚意地作圣工夫，坚持不懈地进行修身实践，我们才能逐步涵养自己的德性，变化自己的气质，提升道德人格，提高生命境界，从而实现光辉的人格。

有了光明的德性，有了光辉的人格，无论我们从事什么样的工作，担任什么样的职务，我们都能够在自己的岗位上做到最好，做到极致。如此，我们才能够在物欲横流的世界里，保持自己的光明德性，挺立自己的光辉人格，为中华民族复兴大业，为天下百姓，做出一番轰轰烈烈的崇高事业，并在这一事业中，实现我们自身的生命价值。

论儒家礼乐

对礼乐的推崇构成了儒家最为本质的特征，同时也塑造了中华文明特有的精神气质与文化魅力。正因为如此，中国才有了"礼仪之邦"的美誉。

礼乐是一个庞大的文化体系，是无所不包的文明形态。礼乐这一文化体系，涵盖和融汇了天道、天理和人道、事理。传统中国从民族信仰，到国人身心性命的安立，从人伦道德到社会政治，无所不在礼乐之中。礼乐，使儒家的神圣性生活具有强烈的人文关怀和理性化倾向，同时也使儒家社会的世俗生活得到神圣超越的价值支撑。礼乐是一个贯通天人，涵摄伦理与社会政治的混融体。传统中国，人们的精神生活与世俗生活都在礼乐形态中得以落实，社会的核心价值与制度建构都在礼乐形态中得以合理的安排，生命的内在化育与外在规范在礼乐形态中得以实现。和谐的社会秩序也在礼乐形态中得以确立，生命理想与社会理想都在礼乐中得以圆成。因此，可以说儒家文明、中华文明就是礼乐文明。

一、礼

"礼，履也，所以事神致福也。"（《说文》）礼就是礼仪，即行为的准则与规范。如同脚要穿鞋行走一样，人们要按照礼制行事。礼，源于儒家祭祀仪式，敬神以礼，祈求神灵赐福。对儒家而言，人与神灵的沟通是通过"礼"来实现的。传统中国，非常重视祭祀神灵的活动，祭祀神灵是国家的重大国事。"国之大事在祀与戎"，祭祀与战争是古代中国最为重要的两大国事。

  天下之礼，致反始也，致鬼神也。
  致反始，以厚其本也；致鬼神，以尊上也。（《礼记·祭义》）

  通过祭祀，人们就能在神圣庄严的礼仪中对上帝及神灵产生敬畏之心，就能够原始返本，与天地神灵进行交感沟通，从而以虔诚之心感动天地神灵，以获得天地神灵的恩赐与辅佑。
  礼是一种天秩天序，是人类行为的准则和道德规范力量。人生而有所欲，也有所恶。物质享受与儿女之情是人最大的欲望；贫穷、苦难与死亡是人最大的厌恶所在。如果没有外在的规范和制约，人就会按照自己的欲望好恶行事。那么，人类社会与人间世界，就会因私欲主宰、人欲横流而没有秩序。然而，欲望与好恶之心是人的性情使然，此情此性亦上天所赋，不能灭其情、夺其性。既要防其乱，又要安其情、适其性。只有礼才能做到这一点。

  礼者，天地之序也。（《礼记·乐记》）
  董子曰："夫礼，体情而防乱者也。""目视正色，耳听正声，口食正味，身行正道，非夺之情也，所以安其情也。"（《春秋繁露·天道施》）
  孔子曰："安上治民，莫善于礼。"
  礼之教化也微，其止邪也于未形，使人日徙善远罪而不自知也。（《礼记·经解》）

  礼，既能体人情，又能防世乱；既能为人间世界带来一个良好的秩序，又能避免刑律法制的生硬与冷漠；既能有效地安邦治国，又能不使用刑罚的暴力。礼，充分体现了儒家德主刑辅、教主法辅、重秩序亦体人情的中和精神。防患于未然，止邪于未形，刑不用，罚不施，而社会有序，天下安宁。这就是礼所特有的治世功效。

礼的实质就是天道、天理，是人道、事理。循礼，就是循天道、天理；学礼，就是崇人伦、人道；遵礼，就是遵人道、事理。横渠先生曰：

礼者，理也。(《礼记》)
礼者，圣人之成法也。除了礼，天下更无道矣。(《张子语录下》)

礼，察人伦，穷天理。循礼，就可以成道；崇礼，就可以立身；隆礼，就可以行事，可以安邦定国，治平天下。

作为维护社会秩序的手段，法的精神是"齐一"，而礼的精神则是"别异"。法律面前人人平等，王子犯法与庶民同罪，这就是法制精神。整齐划一，人人平等，一视同仁，概莫能外，无论贵贱。礼的根本精神恰与法制相反，不是"齐一"，而是"别异"。别异，就是充分肯定人间社会的贵贱之别与贤不肖的差异，根据人们身份、地位的不同及道德、人格的等差来定位各自的社会角色，并制定出不同等级之间的礼仪规范，从而使整个社会形成符合天道、天理的人伦秩序。

礼者，贵贱有等，长幼有差，贫富轻重皆有称者也。(《荀子·富国》)
故以奉宗庙则敬，以入朝庭则贵贱有位，以处室家则父子亲、兄弟和，以处乡里则长幼有序。(《礼记·经解》)

儒家之所谓"贵贱"，并不是我们今天所说的人格尊严意义上的不平等。依儒家经义，无论贫富贵贱，所有人都是昊天上帝的子民，"四海之内皆兄弟也"，每一个人在人格尊严上都是平等的。

儒家之所谓"贵贱"，指的是社会角色的等差与道德境界的高低。就社会角色而言，居上位者为"贵"，居下位者为"贱"。如：父为贵，子为贱；兄为贵，弟为贱；长为贵，幼为贱；师为贵，学生为贱；君为贵，臣为贱；上司为贵，属下为贱；老板为贵，雇员为贱。社会角色的等差无论在传统社会还是在现代社会都是必然存在的。这是社会构成的基本法则，任何人也无法否认和改变。这就是人道，是事理，因而也是天道、天理。遵循贵贱之别，就是遵循天道、天理和人道、事理。就道德境界而言，贤者为贵，不贤者为贱；有德者为贵，无德者为贱；德高者为贵，德不及者为贱。

以贱事贵，就是以下位事上位，以下位尊上位；以无德事有德，以无德尊有德。这是符合天道、天理的，是天经地义的，这是人间秩序，也是天秩、天序。如此，社会才能上下相安，宁静和谐。如果不明上下，不分长幼，不知贵贱，则奸心四起，君臣相背，父子无亲，兄弟相残，朋友无信，"上下交征利"，人心紊乱，人伦尽丧，人欲横流，无秩无序。故圣人制礼，明上下，别贵贱，定尊卑，序长幼，以崇人伦，循天理。所以，礼就是天秩、天序。荀子曰：

人无礼则不生，事无礼则不成，国家无礼则不宁。（《荀子·修身》）

礼，不仅是人伦大道，也是治国之道。传统中国的社会政治制度，也是礼法制度。礼，作为一种制度在古代中国具有"国法"的地位，是由国家权力强制推行的。遵礼就是遵守国法，违礼就是违犯国法。中国历朝历代的国家法律对此都有明文规定。如：不孝，不仅是无德之行、违礼之行，更是犯法犯罪，而且被定为"十恶"之列，是不赦之罪，要被处以极刑。《礼记》曰："是故礼者，君之大柄也。"礼被视为国之大法，是经国治世的重要手段。

二、乐

儒家之所谓乐，与今天作为一种艺术形式的"音乐"是有区别的。儒家之乐，起源于远古。伏羲画卦作《易》，始制琴瑟，教民音乐。儒家之乐，是一种集歌、舞、乐三位一体的"乐舞"。

周代以前的乐也带有很强的"巫乐"特点。那个时期，巫觋在社会中充当重要的角色。巫觋是上帝的使者，是人与神灵进行沟通的媒介。巫觋具有很高的地位，他们掌握着精神文化的大权，其中许多人还是执政的大臣。巫觋大多能歌善舞，巫即是"舞"，在宗教仪式活动中娱神事神的乐舞都由巫觋来主导。《书经》曰：

敢有恒舞与宫，酣歌于室，时谓巫风。（《尚书·伊训》）

周朝建立后，周公"制礼作乐"，建立了一整套完备的礼乐典章制度，儒家"脱巫"，完成了由巫觋形态向礼乐形态的转化和突变。乐，也因此而实现了由"巫乐"向"礼乐"的转变。礼乐制度中的乐，被称为"雅乐"。脱巫后的"乐"与"礼"相结合，型构了儒家最为本质的特征，使儒家成为"礼乐之教"。在儒家的语境中，"乐"是一个特殊的指称，专指"雅乐"，而不是宽泛意义上的音乐艺术。

所谓"雅"，即典雅纯正之意。"雅乐"是儒家祭祀典礼、宫廷仪礼、乡射及军事大典上演奏的音乐。在艺术风格上，雅乐较为庄重、肃穆、宁静、谐和；曲调简单，节奏缓慢，声调平和。

大乐必易，大礼必简。（《礼记·乐记》）
乐者，德之华也。（《礼记·乐记》）

儒家特别强调的是乐的道德意义与教化功能，而不是穷极音乐的表现力和艺术魅力。

儒家雅乐在周代时就已相当发达，形成了一整套完备的雅乐制度和庞大的司乐机构。"大司乐"掌管全国的雅乐机构，为乐官之长，下面有乐师、大师、小师、瞽蒙、典庸、司干等分别掌管各类司乐事务，分工明细，秩序井然。当时，专职司乐人员就达千人。当时的贵族子弟从小就要接受正规的雅乐训练。周代时，乐器已有七十余种。乐器从类别上分，有所谓"八音"，即金、石、土、革、丝、木、匏、竹。如"金"类有钟；"石"类有磬；"土"类有埙、缶；"革"

类有鼓；丝类有琴、瑟、筝；"竹"类有箫等。在艺术形式上，形成了"宫、商、角、徵、羽"五声音阶体系，及以"三分损益律"和"十二律"为代表的音乐理论。乐与礼制结合，形成了严格分明的等级制度。各等级的人在宗教仪式和礼仪活动中应用什么等级的乐，都有着明确的规定：君王"八佾"，诸侯"六佾"，大夫"四佾"，士"二佾"。①

雅乐，可歌，可奏，可舞，还配有歌词。"诗"，就是古代配乐的歌词。儒家六经中就有《诗经》和《乐经》。《乐经》是配《诗经》的乐曲。由于《乐经》亡佚，《诗经》便成了无乐以配的"诗歌"。早期的乐谱称为"声曲折"，《乐经》就是《诗经》的"声曲折"，即现代所谓的乐谱。孔子"删诗"与"正乐"是同时进行的。《乐经》中的"雅""颂"部分，系孔子在周代雅乐基础上整理谱制；"风"的部分，则是孔子在各地采风，然后返鲁整理谱制。孔子周游列国，其中一个重要内容就是搜集《诗经》和《乐经》的素材。此事孔子在《论语》中有明确的记载："吾自卫返鲁，然后乐正，《雅》《颂》各得其所。"（《论语·子罕》）按今天的话讲，孔子也是一位伟大的文学大师和卓有成就的音乐大师，作词、作曲、演奏及乐舞编导，他无所不能、无所不精。

儒家对乐的价值评判有独特的标准，那就是"尽善尽美"。"子谓《韶》：'尽美矣，又尽善也'。谓《武》：'尽美矣，未尽善也。'"（《论语·八佾》）尽善尽美，是儒家对乐的价值判断标准。这一标准赋予乐以神圣的道德内涵。故《礼记》曰：

德音之谓乐。
乐者，乐也。君子乐得其道，小人乐得其欲。（《礼记·乐记》）

关于乐，儒家有自己的理解和特殊的规定性。依儒家经义，乐具有"载道"和施行教化的特殊功能。儒家之乐，与道相通，乐以

---

① 刘再生：《中国音乐史简述》，人民音乐出版社2006年版。

载道。有德之音，载道之音，才堪称"乐"。

《诗》云："莫其德音，其德克明。"何谓"德音""雅乐"？德音就是中正之音，平和之音，无邪之音。"大乐与天地同和"，能体现儒家天道、天理，体现儒家中正理念与太和精神之音，就是德音。"中正则雅，多哇则郑。"雅乐就是德音，乐以中正为雅，以太和为雅。无论庄严肃穆的祭祀乐舞，还是祥和高贵的朝会之音，也无论是《高山流水》《平沙落雁》这样的典雅名曲，抑或"瓦肆"散乐与民间杂剧，只要中正仁和，益于德教，利于化民成俗，就是德音雅乐。

与雅乐相对的不是"俗乐"，而是"郑声"。所谓"郑声"，即郑卫之音，原指郑国与卫国的地方音乐。因郑卫之音"淫于色而害于德"，故儒家视之为"乱世之音"，斥之为"淫乐"。儒家之乐，无"雅俗"之分，却有"雅郑"之别。德音为雅，奸声为郑。合于德教，则民间市井之乐也是雅乐；不合于德教，则庙堂之乐也是"郑声""淫乐"。郑声淫乐，在内容上荒诞污秽，形式上华丽奢侈，漫无节制，极耳目之欲。"淫乐"是小人之音，是人欲之音，是害德之音，因而是乱世之音。

仁言不如仁声之入人深也。(《孟子·尽心上》)
乐者，通伦理者也。
声音之道，与政通矣。(《礼记·乐记》)

正因为乐与德相通，亦与政相通，具有为其他形式所不可替代的教化功能。故儒家重乐，崇尚乐教。

三、礼乐教化

儒家文明是礼乐文明。"礼"与"乐"相辅相成，共同构成了儒家独特的教化模式。《孝经》曰：

移风易俗,莫善于乐。安上治民,莫善于礼。(《孝经·广要道章》)

礼的精神是别异,根据不同的社会角色和道德人格高低及性别年龄的差异,制定出相应的礼仪制度,以明尊卑、等贵贱、序长幼、分上下、别男女,确立了人间世界的人伦秩序。礼"动于外",是一种外在的行为规范及道德约束力量。乐,则生于人心,动于人心。"凡音之起,由人心生也。""乐者,音之所由生也,其本在人心之感于物也。"(《礼记·乐记》)乐"动于内",通过对人的情性的陶冶,使人的良知与光明德性得以显现,从而"平好恶而反人道之正"。礼以节其事,乐以道其志。

乐以和同,动于内;礼以辨异,动于外。一内一外,一同一异,相得益彰,相辅相成。乐以致其和,礼以致其序,内和而外序,方能教化行而习俗美,民风淳厚,天下归仁。礼是外在的规范体系,乐是内在化育力量。礼乐教化从根本上化解社会矛盾冲突,从根本上消解社会的"乱源",使人间秩序和谐而稳定,使家国天下长治久安。

礼的根本精神是别异,其目的是承认社会中的等级差别,使社会等差中的人能够通过礼制的"中和安排",在各自的社会角色中实现相应的生命价值与意义。儒家崇尚"等级制",是因为儒家正视现实社会所存在的等差与分殊。儒家不承认现实生活中有抽象的平等,不承认形式的平等,只承认实质的平等;不承认绝对的平等,只承认相对的分殊的平等。因而儒家通过礼制的别异精神,把各种等差中的不同社会角色的人,纳入礼制秩序中进行安排,使等级分殊的人际社会在礼制秩序中达至一种"中和",从而使社会有条不紊、和谐安宁。礼的"别异"恰恰是为了使社会能更好地"和同"。故圣人曰:

礼之用,和为贵。先王之道,斯为美。(《论语·学而》)

求和,求同,首先必须"别异"。欲致其和,先别其异。这正是儒家礼制精神的关键所在。人有情欲好恶,气质之禀各不相同。要使人性趋善就必须"化性起伪",变化气质。除了礼的外在规范以外,还必须从人的内在心性进行化育,使人能够产生道德自觉,能够正视现实社会的等差分殊,实现人心的内在和谐与安宁。故此以"乐"安其心,致其和。乐以平其心,化其性,去其怨,节其欲。乐至则无怨,礼至则不争。如此,则四海之内,合敬同爱。

儒家隆礼乐以崇教化。礼乐既是儒家的本质特征,同时也是儒家的神人交通方式与施行教化的途径。崇尚礼乐就是崇尚教化,儒家正是通过礼乐这一形式来实现教化目标的。董子曰:"圣人之道,不能独以威势成政,必有教化。"(《春秋繁露·为人者天》)"教化不立,而万民不正也。"(《董仲舒传》)

经世治国有两种途径和手段,其一是靠警察、军队等国家机器所支撑的法律手段,这是一种硬性的强制力量;其二是靠教化,即通过对民众进行道德培育,化民成俗,通过改变人心来改变社会,通过完善人性来完善社会。

善政,不如善教之得民也。善政,民畏之;善教,民爱之;善政得民财,善教得民心。(《孟子·尽心上》)

国家机器与法律的强制力,使民众产生畏惧之心,从而遵循法律,维系社会秩序。而教化则能使人产生道德自觉,使人心趋善,从根本上化解社会的内在冲突,让人心得以安立,社会得以有序,天下得以长治久安。经世治国需要国家机器与法制,更需要教化。这是儒家的基本治世理念。儒家的教化是通过礼与乐来实现的,礼教与乐教构成了儒家"礼乐教化"的基本模式。

礼乐教化与政事、法律相配合,就形成了儒家"礼乐刑政"这一独特的经国理念与治世方略。

乐至则无怨,礼至则不争。揖让而治天下者,礼乐之谓也。

礼节民心,乐和民声,政以行之,刑以防之。礼乐刑政,四达

而不悖，则王道备矣。(《礼记·乐记》)

人性本善，然气质之禀各不相同，有的为私欲障蔽，奸心不灭，故以刑罚警其心，防其奸。人之好恶不一，行止相异，故以此"一其行"。"礼以道其志，乐以和其声，政以一其行，刑以防其奸。礼乐刑政，其极一也，所以同民心而出治道也。"

礼乐刑政，一体相融，构建了儒家文明独特的精神气质与文化魅力。礼乐的根本精神就是"中正仁和"。

仁近于乐，义近于礼。
中正无邪，礼之质也。
乐者，天地之和也。(《礼记·乐记》)

"中正仁和"就是天道、天理，是人道、事理。礼乐之制是天道、天理在人间世界的具体落实，是人道、事理的外在形式。"礼乐皆得，谓之有德"，剔除礼乐的外在形式，儒家的根本理念和价值就会挂空悬置，天道、天理就会成为抽象的概念，而无从落实于人间世界成为入世间法。

一种文明，有其质则必有其文。一个文明的价值体系必然有相应的文明形式与之相配合。如果剔除了一个文明的外在文化形式，这个文明的价值体系也就不复存在了。因此，新的文化形式的创造必须在旧的文化形式基础上进行，不能凭空创造，更不能平移照搬异质文明的文化形式。"文""质"不可离，"体""用"不可分。蒋庆先生说"牛体不能马用"，就是这个意思。

以旧礼为无所用而去之者，必有乱患。(《礼记·经解》)
损益盈虚，与时谐行。(《易经·损卦》)
时止则止，时行则行，动静不失其时，其道光明。(《易经·艮卦》)

"礼之用，时为大"，制礼作乐必须因应时势。只有在传统的基础上损益旧制，坚守在中国文化的本位立场上，因时应世，吸纳西方现代文明的合理资源并消除其弊端，才能进行符合中和精神的文化创造，从而建构出中国的现代新文化。

文化是一个民族成其为一个民族的最本质的规定性，也是一个民族区别于其他民族的根本标志。一个民族没有了自己的文化，就丧失了作为一个民族存在的意义和价值。

礼可义起，以时为大。"礼者，理也"，知理则可制礼。因时循理以制礼，循天理于时义，就能通乎变化，与时谐行，而又贞其大常。这才是今世儒者应有之心，应有之德，应有之行。

四、礼乐精神与契约精神的区别

中西文化是两种不同性格的文化，中西文化的差异性决定了中西管理模式的差异性。西方管理模式是西方现代文化精神的产物，是西方文化精神的具体体现。管理模式与文化精神之间具有同一性，有什么样的文化精神就有什么样的管理模式，管理模式是特定文化精神的产物。要创建中国式的管理模式，就必须充分了解和认识中国的文化精神。西方现代文化精神是"契约精神"，中国的文化精神是"礼乐精神"。契约精神与礼乐精神分别代表着两种文明的不同性格和本质特征。

（一）契约精神是"权利本位"的精神；礼乐精神是"伦理本位"的精神

所谓"权利本位"，是指以人的权利为中心，强调个人权利的至高无上性、不可侵犯性和神圣性。在契约精神下，权利是一切社会秩序的基础，是人存在的目的和意义，是社会秩序赖以维系的根本前提。在契约精神下，个人、家庭、社会、企业、机构、国家等都是权利主体，是权利的存在物。权利靠契约来维系，一切权利都靠法律、制度、契约来保障和维系。人与人的关系、人与世界的关系、人与神圣的关系都可以被还原成契约关系。父子关系、夫妻关系、劳资关系、人与自然的关系、人与神灵的关系等一切关系都是契约关系。

在契约精神下，家庭、企业、政治、宗教都是由契约来构建的。人与上帝要订立契约，西方的所谓《圣经》就是《新约》和《旧约》，这里的"约"就是约定，就是契约，是神和信徒之间的契约。神和信徒之间有个约定，你信仰神，履行神赋予的使命，神就让你的生命得到救赎，宗教信仰变成了责权利的计较。父子关系需要法律来认可；子承父业需要法律来证成；夫妻恩爱，组织家庭，需要订立契约（结婚证书就是婚姻契约）。代议制就是主权的让度，是参政、议政权力的委托。劳资关系也是聘用关系，是责权利的计较关系，是冷冰冰的契约关系。

总之，在西方契约精神的主导下，从宗教到政治，从企业到家庭，从个人到社会，无不在契约当中。一切的社会关系、人伦关系，如人神关系、亲子关系、夫妻关系、劳资关系、民政关系全都可以还原成为契约关系。契约精神是西方现代文明的文化精神，契约是西方现代社会的结构力量和塑造力量，可以说，西方现代社会就是由契约来塑造的。

与西方契约精神的"权利本位"相反，中国的礼乐精神则是"伦理本位"。所谓"伦理本位"，就是把个人、家庭、企业、国家都当作一个伦理体、一个道德体，一切的社会关系都是伦理关系：天人关系、人神关系、父子关系、夫妻关系、君臣关系、劳资关系、民政关系等，所有这些关系都是人伦关系。伦者，次也、序也。"伦"就是人与人、人与神、人与自然的关系和秩序。在儒家看来，父子、君臣、夫妇、兄弟、朋友是五种人伦关系。人与神灵的关系、人与自然的关系都是伦理关系，是"天伦"。所谓"天伦"，就是上天在创造宇宙、化生万物的过程中所做的秩序安排。这种关系不是人为的秩序，不是通过法律、制度、契约规定的人为秩序，而是上天安排的秩序，是"天秩天序"。

在儒家看来，家庭关系（如父子关系、夫妻关系等）不是由契约、法律来界定的，而是与生俱来的，是天命关系，不需要法律和契约来证成及认定。父慈子孝，夫义妇贞，都是天道、天理。所以，家庭之乐又称"天伦之乐"。劳资关系、民政关系都属于君臣关系，君仁而臣忠，这是天道、天理。人对天地神灵，对祖先神灵，对圣贤神灵要持敬畏之心，这也是天道、天理，不是人为的契约规定，这是生命的信仰，是身心性命的安顿，是生命人格挺立和道德人格完善的途径和标志。人与神圣之间、人与自然之间不是责权利的契约计较。

"伦理本位"的礼乐精神博大、深厚、崇高，而"权利本位"的契约精神，与之相比，则明显肤浅、世俗、平庸、低级，是典型的小人文化、世俗文化、功利性文化。

（二）契约精神与礼乐精神在治世功能的实现方式上完全不同

契约精神是通过"止恶"的方式来达到管理的目的。所以，由契约精神所主导的社会伦理规范，又称为"底线伦理"。所谓"底线伦理"，就是强调社会的一切规范力量（如法律、制度等）都是为了保证人类的道德底线。其社会功能就是阻止人们为恶、犯罪，而且这种阻止是"事后追究"式的阻止，这种"事后追究"是建立在事实和证据基础之上的。

在契约精神的主导下，法制具有所谓至高无上的"独立性"。这里的所谓"独立"，不是中国人所理解的不受政治权力干预的独立性。西方所谓法律的独立性，不仅是指不受行政权力干预，更主要是强调法律不受道德和人情的制约。法律是冷冰冰的，不管善恶，不管是非，不管美丑，不管真假，只讲"证据"。伦理、道德、公正、亲情、人性等人类最美好的一切，都在法律视野之外，法律只维护当事人的权利（包括罪犯的权利），维护的依据就是法律的条款以及与此相关的证据。

而礼乐精神的治世功能，则是通过"扬善"的方式来实现，通过对人性光辉面的彰显来实现。通过对人的教化使人类神圣的善良本性，良知明德，得以呈现。通过对人的生命人格的提升和道德人格的完善，使人产生生命的自律和道德的自觉，主动远离罪恶。与契约精神"止恶"的"事后追究"方式不同，礼乐精神强调通过"扬善"来达至"事前预防"的目的，即所谓的"发乎情，止乎礼""止邪于未形"。

（三）契约精神的本质特征是"齐一"，礼乐精神的本质特征是"别异"

契约精神就是法制精神，契约精神所追求的是法律面前人人平等，制度面前人人平等。契约、法律、制度都强调"一刀切"，其所追求的是形式上的平等。制度、法律、契约都是冷冰冰的工具，对任何人都一视同仁，没有差别，契约精神所带来的形式平等，从本质上维系和保护了实质上的不平等。

例如，西方民主制度就是在契约精神的主导下建立的政治制度。按照民主规则，所有市民都享有同等的权利，比如说选举权和被选举权。按照这种规则，德行高的有道德的士君子和一个作恶多端的流氓享有同等的选举权和被选举权，孔子这样的圣人和一个普普通通的老太太拥有相同的一票，一个智者和一个弱智具有同等的选举权，这种形式上的平等绝对不可能带来清明的政治。正因为这样，在所谓平等的民主社会，具有演员的素质，具有流氓的素质，善于说谎，善于表演，就可以做议员、当总统。

在契约精神主导下，法律排斥了道德、情感等因素，法律面前人人平等。比如同样是杀人罪，在西方法律看来，杀害普通人和杀害亲生父母是没有区别的，其父母和陌生人都是人，都有着被法律保护的平等的权利。但是在儒家看来，在礼乐精神看来，杀害父母和杀害普通人有着很大的区别，在量刑标准上也不能一致，不能同等。传统中国，弑父弑君为大逆不道，列入"十恶"，罪在不赦。在儒家看来，要亲亲互隐、父为子隐、子为父隐，方能直在其中。父子互隐这是天理，是天道，天理大于王法。

在西方现代社会，法律、政治等都是需要购买力的。富人和穷人在法律面前形式上好像是平等的，但实质上是不平等的。富人可以凭借手中的财富和资源进行保释，可以聘请大侦探、大律师。总之，他可以购买高品质的法律服务，而穷人则不可能购买相应的服务。契约精神抹杀了贫富、尊卑、贵贱、智愚等社会级差，给予不同位格的人以表面上和形式上的平等，给予规则上的平等。但是，不同位格中的人所掌握的资源、财富、条件、境况各不相同，在所谓平等的规则下和形式平等下，其实质恰恰是不平等的。依照契约精神和法制精神，一个流浪汉拥有和小布什平等竞选美国总统的权利。但是，流浪汉在生活上还需要社会的救济，而小布什可以拿出数十亿美元来竞选美国总统。因此，虽然形式上他们有平等竞选美国总统的权利，但实质上他们之间是不可能平等的。

相反，礼乐精神的本质特征是别异。所谓别异就是首先承认社会是有等差的，是有贫富、高低、贵贱、尊卑、智愚、贤不肖的差别。由于这种差别，注定了人们在社会中都处于特定的位格，都有自己的名分。不同位格之间的人按照特定的礼制来界定其关系，拟定其行为规范。让不同位格的人和谐相处，和睦共处，形成"和而不同"的良性秩序。儒家不主张人为的形式平等，而承认社会位格的等差，并通过礼制手段来进行调和，使之和谐有序。

（四）契约精神以"争"为本，礼乐精神以"和"为贵

契约精神是功利的文化精神，是以权利作为目的的，所以契约精神崇尚竞争、博弈，把整个世界纳入对抗模式中。人与人的关系、人与自然的关系、人与神灵的关系都是契约关系，订立契约的双方都要争夺自己的权和利，整个世界都被纳入一种对抗模式中。人们为了生存权利，为了政治权力，为了法律以及契约赋予自己的权利，为了物质利益，人与人博弈，人与自然博弈，人与神灵博弈，国家与国家博弈，企业与企业博弈，地区与地区博弈……总之，契约精

神就是一个博弈的文化精神。契约精神所主导的社会就是一个对抗的社会、争斗的社会、博弈的社会。与此相反的是，礼乐精神倡导以和为贵。

> 礼之用，和为贵。先王之道，斯为美。(《论语·学而》)

礼的根本精神就是要调和社会不同级差之间的关系，要调和不同位格之间的关系，要让不同位格的人们和睦相处，和谐相安，化解争斗，让每一个人都能够安分守己，素位而行。只有这样，社会才能消解对抗，化解矛盾，减少摩擦，形成稳定的、良好的社会秩序。

(五) 契约精神形成的治理结构是"法治"，礼乐精神形成的治理结构是"礼治"

契约精神和礼乐精神作为不同性格的文化精神，其所形成的社会"治理结构"是完全不同的。契约精神所形成的社会治理结构是"法治"，礼乐精神所形成的社会治理结构是"礼治"。

所谓法治社会，就是以法律作为社会秩序建构和维系的根本力量。法律是人所制定的行为规范，由于社会生活的复杂性，导致了法律条文的繁复以及很高的运行成本。现代法律有宪法、选举法、经济法、民法、刑法、刑事诉讼法等，每一个大类又分为若干小类，每一个小类又分成若干章节和条款。法律试图穷尽人类社会生活的每一个领域，甚至每一个细节，试图让人们的一举一动、一言一行都有法可依，人们在生活中遇到一丁点小事都要诉诸法律。

与此相反，礼乐精神治理社会结构的方法是"礼治"。其根本精神就是通过礼乐的形式对人进行教化，提升人的生命人格，完善人的道德，让人产生自觉，远离犯罪，为善去恶。当人们都能够自觉的时候，法律就会失去存在的意义和价值。

> 移风易俗，莫善于乐。安上治民，莫善于礼。(《孝经·广要道章》)

揖让而治天下者，礼乐之谓也。(《礼记·乐记》)

礼治的社会是一个自治的社会，是一个道德自觉的社会，不需要繁复的法律条款。礼治社会是"无讼"的社会，是极端和谐、没有讼争的社会。人们处于"自治"状态，其社会结构简单，运行成本低。

传统中国，一个地方官员的基本职责就是征收赋税，调解民事纠纷，教化百姓。官府衙门口，用于百姓鸣冤时所敲的大鼓，常常数年没有人击打；地方官员常年无所事事，百姓都是自己管理自己。一个县官，一个案台，一个师爷，两排衙役就构成了所谓的政府机构。不像现代社会，政府机构那么庞大，人员众多，科层复杂。

子曰："听讼，吾犹人也，必也使无讼乎？"(《论语·颜渊》)

在孔子的法制思想中，最理想的社会就是无讼的社会。百姓没有争讼，说明就没有纠纷；没有纠纷，说明社会和谐、安宁、稳定。周代成康之世，囹圄空虚四十年。也就是说，整整四十年的时间，国家的监狱里一个犯人都没有。这就是礼治的效果，教化的威力。

儒家的贫富观

贫富问题是人类社会的一个大问题，正确处理贫富问题是解决好一系列重大社会问题的关键所在，因为它涉及人心和人性、社会的稳定与和谐、政治权力的合法性、国家的伦理目的和社会理想、政府的公信力等问题。因此，对贫富问题处理的好坏是衡量一个国家和社会政治清明与否，制度美好与否的标准。儒家历代圣贤都非常关注和重视贫富问题，儒家传统思想中饱含着贫富之辩的智慧。故此，阐释儒家的贫富观，梳理儒家贫富之辩的智慧资源，对我们创建中国式的现代工商业文明模式，建构和谐社会，有着重大的意义和价值。

一、励民致富

儒家治世之道，以"富民"为本。在儒家看来，要治理好一个国家，要建构一个美好的社会，必须让天下百姓都富裕起来，要做到"藏富于民"，即孔子所谓"既庶矣"则"富之"的思想。这一思想到孟子时则发展成为"民本"观念。"民为贵，社稷次之，君为轻"（《孟子·尽心下》），强调以民为贵，以民为本，施仁政于民。在孟子看来，施仁政必首先关注"民生"问题，要"置民之产"。"是故明君制民之产，必使仰足以事父母，俯足以畜妻子，乐岁终身饱，凶年免于死亡。然后驱而之善，则民之从之也轻。"（《孟子·梁惠王上》）所谓"置民之产"，按今天的话讲就是要让天下百姓都拥有自己的产业，包括衣食住行，上孝父母，下养妻儿，以及具有抵抗风险的经济能力。这是人的基本物质生活条件，是政治清明、社会和谐的底线要求。只有天下每一个人的基本需求得以满足，人心才会稳定，社会和谐秩序的建构才有可能实现。"民之为道也，有恒产者有恒心，无恒产者无恒心。苟无恒心，放辟邪侈，无不为己。"(《孟子·滕文公上》)由此可见，在儒家看来，"民产"是"民心"的基础，"置民之产"是儒家"民本"思想的核心内容之一，是建构美好社会所必备的条件，是"民贵"思想的具体体现。"民贵"首先必须体现为"富民"，民不富则无以贵。

求富之心是人性本然，孔子说："富与贵，是人之所欲也。"(《论语·里仁》)朱子也曾说："利者，人情之所欲。"在儒家看来，人们追求物质利益，追求财富是符合人性的，并认为满足人的物质需求是对百姓施行教化的基础。《管子》曰："仓廪实而知礼节；衣食足而知荣辱。"荀子也说："不富，无以养民情；不教，无以理民性。"儒家礼乐文教的落实与道德理想的实现都是建立在"富民"基础之上的。民不富则心无常，心无常则教化不行，教化不行则礼乐不兴，儒家的社会理想就无从实现。由是可知，"富民"是儒家治世经国的基础。

正因如此，儒家才励民致富，认为"邦有道，贫且贱焉，耻也"(《论语·泰伯》)。在一个良好的社会政治环境中，一个人如果不努力改变自己的贫困状况，这是一种耻辱。孔子进而还认为："富而可求，虽执鞭之士，吾亦为之。"(《论语·述而》)就是说，如果可求富贵，那么即使从事卑微的工作我也愿意为之。靠自己的勤劳而致富，即便从事卑微的工作也在所不辞。这是一种吃苦耐劳、忍辱负重的精神，是一种天行健、自强不息的精神，这是儒家所大力推崇和提倡的。尤其是在清明的政治环境中，在现代工商业社会里，每个人都要有"耻贫荣富"的观念，发扬圣人甘为"执鞭之士"的精神，脱贫致富，改变自己的物质生活状态。

二、处贫之方

孔子周游列国，在陈绝粮，随行者全都卧病不起。子路愤愤不平，问孔子："君子亦有穷乎？"孔子回答说："君子固穷，小人穷斯滥矣。"（《论语·卫灵公》）其意是说，君子小人都有穷困之时，区别在于君子固守其穷，无所怨悔，而小人穷则丧失原则，放纵于行，以图改变穷困之境。这就是君子和小人的区别！

儒家虽然肯定人们摆脱穷困、追求富贵的合理性，励民致富，以贫为耻，但是却十分重视其手段的正当性。儒家不仅看重目的之善，也非常看重手段之善。善的目的必须通过善的手段来实现，否则宁可牺牲其目的，也绝不使用不善的手段来达至这一目的。孔子曰："富与贵，是人之所欲也；不以其道得之，不处也。贫与贱，是人之所恶也；不以其道得之，不去也。"（《论语·里仁》）富贵，取之有道；贫贱，去之有道。儒家倡导人们在摆脱贫困、追求富贵的过程中一定要遵循"义利之辨"的义法，不能违背天道性理和道德原则，不能唯利是图，要见利而思义，不能为了追求富贵而不择手段。所以，孟子说："非其道，则一箪食不可受于人；如其道，则舜受尧之天下，不以为泰。"孟子还说："万钟则不辨礼义而受之，万钟于我何加焉？"孟子所说的就是儒家"守死善道"的精神，是一种立于天地之间的大丈夫气概，不合于道，则利小如一箪食亦不受之；合于道则受以天下也泰然处之。如果不合道而致富，即使是万钟之禄，又有什么意义和价值？所以孔子也说："不义而富且贵，于我如浮云。"儒家提倡的是"致富以道，穷而不滥"。

富贵，不是每一个人都能达至的，得到富贵者也未必终生都能安享富贵。斗转星移，世事无常，贫富并非永恒不变，而是处于一种交替更迭之中。"陋室空堂，当年笏满床；衰草枯杨，曾为歌舞场。""昨怜破袄寒，今嫌紫蟒长。"（《红楼梦·好了歌注》），这种由富贵而贫穷，由贫穷而富贵的交替，在人世间演绎出了无数的悲欢离合。因而，对于贫穷与富贵都要有一个正确的态度。何以处贫，何以为富，贫困时应该有什么样的心态和作为，富贵时又应该有什么样的心态和行为，这对于一个人而言至关紧要。

在儒家看来，处贫困难于处富贵，孔子说："贫而无怨难，富而无骄易。"（《论语·宪问》）朱子注曰："处贫难，处富易，人之常情。"人在贫困之中能保持正常的心态，正确地对待生活，对待生命，对待万事万物，是很不容易做到的。综观儒家圣贤之言，关于何以处贫的问题，可以用六个字来概括，那就是：安之、乐之、去之。既贫，则安，不怨天，不尤人，无怨无悔，安然处之，独善其身，这就是前面所说的"君子固穷"之道。唯有固守其穷，不滥思滥行，安然以处，才能保持平和的道心，并以道德原则去规范自己的行为，从而保持君子之风。按理说，处贫而"安之"已经难能可贵，然而在圣人看来还不够，还应该进而"乐之"。子贡问孔子说："贫而无谄，富而无骄，何如？"孔子回答说："可也，未若贫而乐，富而好礼者也。"贫，而"乐之"，较之于"安之""无谄"则是更高的境界。"安之""无谄"，是固穷自守，但未能超然于贫穷之外，所以朱子注曰："子贡货殖，盖先贫后富，而尝用力于自守者，故以此为问。而夫子答之如此，盖许其所已能，而勉其所未至也。"贤如子贡者，也尚未能达至"贫而乐"的境界，可见这一境界之难能。在孔子的学生中，唯有颜回达到了这一境界，故此，孔子对颜回赞赏有加："贤哉，回也！一箪食，一瓢饮，在陋巷，人不堪其忧，回也不改其乐。"这种谋道不谋食、忧道不忧贫的安贫乐道的生命境界被后人誉为："孔颜之乐。"其乐，非乐其贫，而是乐其道，超乎于贫，忘乎于贫，这是圣人的境界，至善至高的境界。但儒家思想是世间法，有着强烈的家国天下关怀，贫而"乐之"是就生命境界而言，是针对士君子的高要求。但对广大民众而言，贫穷毕竟不是什么好事，因而儒家主张对贫穷应该"去之"，即要消除它。"安之"是固守自律，"乐之"是生命境界，"去之"则是社会理想。追求富贵乃是人之常情，儒家的伦理目的和社会理想并不是人人安贫、乐贫，而是要消除贫困，实现"老有所终、壮有所用、幼有所长、鳏寡孤独废疾者,皆有所养"的人人衣食无忧的理想目标。

三、为富之道

致富即意味着拥有更多的财产,占有更多的物质利益,更有条件满足人对于物质生活的需求,能够让自己的愿望更容易实现和达成。由于拥有财富,别人不能做到的,你能够做到;自己过去不能办到的,现在可以办到;别人不能达成的意愿,你能够达成;别人不能享受的,你能享受;别人不能消费的,你能消费。由于拥有了财富,人可以在一定程度上突破外在条件的局限和制约来拓展自己生存的"空间",获得肉体与心灵的更大"自由"。正因为如此,财富具有两面性,是一柄"双刃剑"。一方面,它能够满足人性的基本需求,具有正面的积极功能;另一方面,它也具有腐蚀人性的负面功能。儒家历代圣贤都洞悉财富的两面性,透彻财富的正面功能与负面功能。在儒家看来,一方面,财富意味着人的物质生活需求可以得到满足,这种需求和满足是符合人性的,是天经地义的,因而儒家励民致富,有"耻贫""去贫"的思想,并将"富民"思想立为治世经国的根本;但另一方面,财富也能够腐蚀败坏人性,因而儒家历来重视对财富进行制约,强调"理欲之辨""义利之辨",主张"以理制欲""以义制利",对于拥有财富的人,儒家倡导要教化之。所以荀子说:"不富,无以养民情;不教,无以理民性。"程颐说:"所以防其欲,戒其侈,而使之入道也。"这种观点与孔子"庶、富、教"的思想一脉相承,都是在彻透财富两面性基础上而采取的"中道"。对于拥有财富者而言,何以处富?这是一个值得所有的"先富人士"慎思慎行的大问题。从儒家历代圣贤的智慧资源中,可扼其要旨提炼如下三条"为富之道"。

(一)戒奢寡欲,洁身自好

由于拥有了财富,肉体生存空间与心灵的"自由度"均得以拓展，富裕者凭借财富的力量和手段，不仅能达成合理的愿望，而且同时也有条件满足过度的私欲。他们在生活上铺张浪费，竭尽享乐，甚至于吃喝嫖赌无所不为，沉溺于灯红酒绿、声色犬马之中而不能自拔，在穷奢极欲中沉沦堕落，被财富所腐蚀，致使自己异化为财富的奴隶。因此，为富之道以"戒奢寡欲"为第一义。孟子认为："养心莫善于寡欲。"陆九渊也说："夫所以害吾心者何也？欲也。欲之多，则心之存者必寡。"（《陆九渊集·拾遗》）

人性的腐蚀、人心的败坏都从"欲"字开始，人欲膨胀，人心就萎缩，人格就卑下。金钱买不来自尊，只能买到虚荣，挥金如土体现的不是人性的尊严而是精神的贫乏，故而朱子有"存天理、灭人欲"之说。完全的"灭欲"如果做不到，那么"寡欲"却是可以做到的。为富者，理应清心寡欲，戒奢戒侈，俭朴平淡，洁身自好。唯有如此，才不至于异化为财富的附庸，丧失崇高的人性而与禽兽为伍。故此，为富之道，以"戒奢寡欲"为第一要义。

（二）富而无骄，富而好礼

孔子说："富而无骄"未若"富而好礼者也"。朱子注曰："骄，矜肆也。""好礼，则安处善，乐循理，亦不自知其富矣。"富者凭借着财富，私欲膨胀，很可能恃财傲物，肆意妄为，甚而为非作歹。这种为富不仁、骄肆狂悖之徒并不鲜见，勾结贪官污吏进行钱权交易者有之；染指黑社会势力者有之；强买强卖，巧取豪夺者有之；颐指气使，扰乱朝纲者有之。董仲舒说："大富则骄"，"骄则为暴"。由此可见，"为富不仁"是社会之乱源。富人因拥有财富，可以达至贫者所难以达至的目的。富者如骄肆为暴，他就更有能力、更有条件作恶，而且能使暴行危害更为严重。所以，为富者如不善处富，不节制私欲，就很容易骄肆狂悖，为非作歹，祸乱社会。故此，儒家自圣人孔子以降，无不关注社会致富人群，倡导富者要善于处富，要富而不骄，富而好礼；要求为富者更应该注重自身的心性修为，严守社会道法规范，乐善好施，富好行德，节制自己的私欲，规范自己的行为，提升自己的人格和生命境界。

"富而好礼"之"礼"，是儒家传统的一个重要内容，它既是一种核心价值理念，也是一种社会规范力量。"夫礼者，所以定亲疏，决嫌疑，别异同，明是非也。"（《礼记·曲礼》）荀子说："礼者，人道之极也"；"以养人之欲，给人之求。使欲必不穷于物，物必不屈于欲。两者相持而长，是礼之所起也。"（《荀子·礼论》）从荀子的论述可见，礼还有着节制人欲、调节"物""欲"关系的社会功能。"礼，履也，所以事神致福也。"（《说文》）这里是从人与神圣的关系来界定礼。可见，礼也有着沟通人神关系的功能，关涉灵魂信仰，具有神圣性。从以上阐述可以看出，礼是人与神圣、人与人、人与物之间关系的沟通渠道和联系纽带，是"天、地、人"三才贯通的力量，是社会和谐秩序的规范力量。所以，孔子说"富而不骄"，未若"富而好礼者也"，礼是大道之所在，好礼即可入道。富而好礼，即是要求为富者秉持敬畏之心，怀仁义之德，灭贪欲之念，强学达性，积善成德，自觉遵循道德规范。如天下之人均能好礼，则乱源可绝，社会将趋于和谐，天下可平也。

（三）以财发身，兼济天下

"仁者以财发身，不仁者以身发财。"（《大学》）不仁不义之徒以身发财，"亡身以殖货"，其最终结果要么是"人为财死，鸟为食亡"，要么"货悖而入者，亦悖而出"，来之不正用之也不正。而仁者则以财发身，即用自己的财富去实现生命的价值。

富裕者已无衣食之忧，物质生活上的需求已经得以满足，尤其是在现代工商业社会中，许多致富者所拥有的财富数额巨大，仅从人的物质需求和消费意义上讲，那是几代人都用之不竭的。许多人由于不学无术，中无所守，聚集了大量财富以后，整天穷奢极欲，灯红酒绿，豪赌滥饮，生活腐化，在纸醉金迷中寻找刺激，甚而斗富攀比，肆意挥霍，恃财傲物，骄奢淫逸。这一切，于己于人、于国于家都有百害而无一利。因此，如何对待和使用大量的物质财富，这是为富之道的重要问题。在儒家看来，为富者应以财发身，要用自己的财富去做崇高的、有意义的事情，去做有利于国家、社会和民众的事情，做到"达则兼济天下"。富人要"散财于民"，做到"博施于民而能济众"，在为社会、为广大民众谋福利的"善举"中，在为国家民族乃至全人类做出贡献的过程中体现自身的存在价值，实现个体生命的超越和人格的提升。这就是孟子所谓"乐以天下，忧以天下"的情怀。孟子说："士穷不失义，达不离道，穷则独其身，达则兼济天下。"这种"以天下为己任"的事业被孟子誉为"大人之事务矣"。所谓"大人"，蒋庆先生解释为："乃心灵境界上达天德，实现生命终极价值之人。"为富者，就应该有这种"以天下为己任"的入世担当精神。唯有具备了这种精神和境界，才能超越小我去实现大我，人方能尽其才，物方能竭其用。聚财是能力才智的体现，散财则是人格提升和生命的超越。故此，"以财发身，兼济天下"是为富之道的重中之重。

四、社会理想

儒家的社会理想就终极层面而言，是要实现《礼记·礼运》里所记载的"大同"盛世；就现实可为的层面而言，则是要在"富民为本"的基础上，缓解贫富矛盾，缩小贫富差距，达至共同富裕的目标，实现社会的和谐与发展。儒家尚中贵和，以"中和"为大道，强调人与自然、人与人之间关系的和谐协调。与西方现代发展观不同，儒家不主张掠夺式发展，也不倡导横绝天下的"浮士德精神"。儒家对于理想社会的评判也并不是单纯以生产能力的大小和攫取物质财富的多寡为标准，而是"尚中贵和"，既注重物质财富的生产创造，同时又注重人与自然、人与人的和谐共处。在儒家看来，理想的社会并非穷尽物欲的社会，而是天地万物各正性命、和谐相安的社会。《中庸》曰："中也者，天下之大本也；和也者，天下之达道也。""致中和，天地位焉，万物育焉"，这是强调在治世经国的过程中"执其两端，用其中于民"。

　　在贫富问题上，儒家主张缓解贫富矛盾，缩小贫富差距，追求共同富裕。这是儒家坚定不移的社会理想与伦理目的。共同富裕也是儒家仁政所追求的目标。贫富悬殊是导致社会不和谐的重要因素，是社会乱源之所在，故孔子说："不患寡而患不均，不患贫而患不安。盖均无贫，和无寡，安无倾。"意思是说社会的和谐稳定与否不在财富的多寡，而在于是否"各得其分"，"均"并非绝对平均之谓，而是"各得其分"之意。均则人心能安，安则无倾覆之患。董仲舒说："使富者足以示贵，而不至于骄；贫者足以养生，而不至于忧。以此为度而调均之，是以财不匮而上下相安。"（《春秋繁露》）富者可"示贵"，贫者可以"养生"，富者"不骄"，贫者"不忧"，各得其分，如此方能"上下相安"。"调均之"指的就是要协调好贫富关系，把贫富差距控制在一定的限度之内。唯有如此，社会才能和谐发展，趋于稳定和安宁，百姓的生活才能恬静而祥和。

国民教育之道

中国是礼仪文教之邦，在人类各大文明形态中，中华文明以重视教育而独树一帜。在中华文明数千年的历史长河中，所有的圣贤人物都是伟大的教育家，无一例外。这是一个非常独特的文明现象。圣人孔子综合三代，继往开来，修《诗》《书》，定《礼》《乐》，赞《周易》，作《春秋》，承接了源自上古的尧、舜、禹、汤、文、武、周公一脉相承的中国文化传统，集其大成，被后人奉为"先师"。中华文明两千年的宏大气象不是别人而正是我们的先师开辟出来的。"天不生仲尼，万古如长夜。"没有孔子就没有中国数千年的历史文化，没有董子，哪来大汉？没有文中子及其培养出来的房、杜、魏等将相之才，又哪来大唐盛世？无数的往圣先师才是创造中华文明史的真正的原动力。正因为如此，"师"才有了仅次于"天地君亲"的神圣地位而被人们所供奉。"师"所承担的正是"教育"的责任和使命。传统中国，人君贵为天子，在老师面前也得行大礼。教师和教育的地位可见一斑！

然而，百年以来，在西风东渐的过程中，传统被抛弃了，先师被打倒了，中国的教育走上了西化的道路，直至今日，危机重重。

教育，乃民族之本。看一个民族的现在和将来，只需看它的教育，教育是一个民族生命活力之表现，是一个民族的民族精神的源头活水。教育兴则民族兴，教育衰则民族衰。中华民族的复兴大业必须首先从教育改革开始。对治教育危机，改造现行教育，这是中华民族复兴的第一要义。

一、中国教育的四大危机

（一）价值性危机

教育的基本职能有二，一是"教书"，二是"育人"。"教书"，指的是传授知识，"育人"指的是对人的培养、培育。知识传授为"知性"教育，对人的培养培育则为"德性"教育。"知性"教育，其目的是让被教育者掌握知识，完成被教育者对世界的认知和了解。而"德性"教育，其目的在于让被教育者生命中所固有的光明的德性彰显出来，即《大学》之所谓"明明德"。"明德"指的是每一个人的生命中与生俱来的光明的德性，即神圣的善的本性（蒋庆先生语）。人的"明德"显现，其品格才能得以提升，其人格才能逐步趋于完善。只有人格完善了，其生命才能呈现出理想的状态。因此"德性"教育又可称为人格教育、生命教育。蒙学经典《三字经》开篇即言："人之初，性本善；性相近，习相远；苟不教，性乃迁。"如果我们不注重人的"德性"教育、人格教育，那么生命中固有的"明德"就不能彰显出来，人的德性就会发生改变，其人格就不能趋于完善。如果人格不能趋于完善，那么其生命中神圣的善的本性也得不到彰显，教育从根本上就是失败的，传授再多的知识，也将无益于生命的成长。正因为如此，韩愈才如此定位教师的职责："师者，所以传道、授业、解惑也。""德性"教育正是"传道"教育。这里的"道"就是"大学"之道，即"明明德"之道。

教育要"传道"，传什么样的"道"？教育要"育人"，把人育成什么样的人？这是教育必须要进行的追问。这是教育的价值性问题。教育如果丧失了价值性的关怀，没有了价值的诉求，那么教育就会是残缺的，教育的职能就不能尽到，教育的目标也不可能实现。而教育的残缺就会导致被教育者的残缺。没有价值诉求和价值关怀的教育所教育出来的人，就不能"明明德"。受教育者就不能彰显其生命中固有的神圣的善的本性，其人格就不会健全，其德性就不会光明，其生命就不会完善。而这种残缺的生命、没有光明德性的生命是不可能具有向上的生命活力的，是不具有希贤希圣以希天的内在生命冲动的，自然也就不具备崇高的创造的力量。教育的性质决定着一个社会的人的性质，而人的性质则决定着一个国家和民族的性质。要了解一个国家和民族的状况，就看它的教育状况，要了解一个民族的未来就看它的教育现状。今天的中国社会，有些人丧失了最起码的行为规范和行为准则，这都是因为教育缺乏价值目标，没有价值诉求所造成的，是我们的教育不"传道"、不"育人"所造成的。

那么，教育应该传什么样的"道"呢？我们是中国人，我们的教育自然要传承中国人的"道"，传承中华民族自己的"道"。中华民族引领人类文明发展之先已数千年，当中国社会繁荣、人文昌盛之时，欧洲尚处于蛮荒时代。中华文明数千年的繁荣昌盛所凭借的就是我们民族之"道"。这个"道"就是源自上古由尧、舜、禹、汤、文、武、周公、孔子、孟子、董子、文中子、朱熹、王阳明一脉相承的古圣人之道，其中孔子集其大成。这个"道"究竟是什么？《大学》云："大学之道，在明明德，在亲民，在止于至善。"这是大学的所谓"三纲领"。"明明德"前面已讲过，即是彰显人的生命中固有的光明的德性，即神圣的善的本性。孔子曰："仁者爱人。""亲民"指的是"爱民"，以民为亲，视民如亲人；对民亲爱，对同类亲爱。有了对民、对百姓、对同类的这种亲和爱，人才能有家国天下关怀和济世情怀，才会努力地建功立业，服务社会，为民众、为社会、为国家、为民族、为人类谋福利。"明明德"是内圣之道，是个体生命的完善之道，"亲民"则是外王之道，济世之道，关怀天下国家之道。"止于至善"就是"内圣""外王"合而为一，内外贯通，圣王合一，与天同德。达到生命的最高境界，这就是至善，即最高的善（蒋庆先生语）。内圣外王是最高的人格理想，最完善的生命状态。

我们的教育要传的就是这样的"道",中华民族数千年来所传的也是这样的"内圣外王"之道,明明德、亲民、止于至善之道,是"格致正诚修齐治平"之道。

当我们全力移植西方现代教育的时候,却忽略了西方教育中的另一重要因素,那就是西方现代教育非常重视传道和育人。在西方国家,宗教教育是进入国民教育体制的。每个学校都开设有宗教课程,至于教会学校就更不用说。西方人自小就接受了系统的宗教教育,西方人除了重视科学技术的工具化教育以外,还非常重视宗教教育、人文教育和道德教育。基督教、天主教在西方现代教育体制内始终承担着"传道""育人"的职责。正因为如此,在日常生活中,许多"老外"比我们"文明"多了。他们没有学"雷锋",但照样会扶老携幼,急人所急;他们没有读孔子之书,照样彬彬有礼,医生救死扶伤,商人诚实守信。他们不生产假冒伪劣产品,主要不是因为对法律的恐惧,而是因为其社会伦理秩序和公共道德秩序并没有崩毁,人们还守护着道德的底线,守护着行为规范。欧洲诸国的乡村,处处是教堂,人们的日常生活以教堂为中心,恬静、和谐而安详。一个朋友到了法国乡村,不禁感叹:儒家所追求的礼乐社会,在这里已成现实。是的,不唯儒家讲"礼乐",别的文明也讲"礼乐"。遗憾的是,中国的西化论者们视中国的"礼乐"为"封建糟粕",只知西方有"科学民主",却不知西方也有"礼乐",西方社会也是礼乐的社会。

西方教育重"传道"、重"育人",我们学习西方教育却抛弃了教育"传道""育人"的内涵,习其表而不习其里,学其末而不学其本。实为憾事。

由此可见,教育无论是向民族传统回归也好,还是学习西方也好,都应该重"育人",重"传道"。"传道""育人"是为教育之本。以古圣人之道作为教育的价值系统,并以此改造中国现行教育不"育人"、不"传道"的弊端,拯国民教育于危机之中,让教育真真正正、切切实实承担起"育人"和"传道"的神圣职责,这是中国现行教育走出困境、摆脱危机的根本之所在,也是中国现行教育走向健全和完善的根本之所在。

(二) 方向性危机

中国现行教育的第二大危机是方向性危机。在中国现行教育中,中小学教育是典型的"应试教育",高等教育是典型的职业化教育和工具性教育。"应试教育"从属并服务于职业教育及工具性教育。应试教育所追求的是升学率,升学率是整个教育工作的目标,也是评判教育效果的唯一标准。应试教育,从教育手段、教育方法、教育内容到教育的体制建构都无不以升学率为中心、为目标。教育所固有的神圣职责,如德性的彰显、人格的培育、生命的完善、素质的提高、能力的培养、创造潜能的开发等萎缩甚至被取消。中国的高等教育从系科建构到专业设置,到教学内容的安排和教学方法的采用都呈现出职业化和工具性的特征。高等教育的主要目标是为社会输送和培养各种类型的工具型人才,高等教育极度地媚俗,人们接受高等教育的目的仅仅是为了找一个称心如意的工作。能否找到一个称心如意的工作,是高等教育的目标,是评判一个大学好坏的标准,也是评判一个专业优良与否的标准。人们接受高等教育就是为了把自己培养成一个"适应现代社会发展"的工具。教育不传道、不育人,不注重综合素质的培养,不注重实践能力的培养,不注重生命境界的提升,不注重人格精神的塑造,不注重人文关怀的培育,而只着眼于对"工具"的打磨。在这样的教育理念的导引下,中国的高等院校沦落成了一个极度世俗化和平庸化的地方。没有了"大学精神",高校承担不了它本应承担的社会功能,完成不了对创新社会精神生活和引领时代精神方向的担当。"大学精神"的式微导致了极为恶劣的后果,大学没有遵循教育规律办学,反而蜕化成了商业和市场的奴婢。某师范大学的系科设置经历了荒诞而滑稽的改革,历史系更名为"决策科学系",生物系改名成为"生物工程技术系",外语系改名为"外语外贸经济系"。牵强附会,实在让人难以忍受。要知道这是一所师范大学。一个系科、一个专业如果不戴上"科学""技术""经济"的帽子，好像那就不是"与时俱进"，即使是驴唇不对马嘴，也要去弄一顶，也不管它是否合适。"历史"就一定关乎"决策"吗？就一定是"科学"吗？外语就一定关乎"外贸"吗？

中小学的应试教育与大学教育的职业化、平庸化、世俗化相辅相成，共同把中国的教育推向了工具性的深渊。它最终完成的不是对人的德性、人格和精神生命的培育，而是把人塑造成工具——没有精神、没有灵魂的工具，从而使教育导致人的异化，而不是使人性趋于完善、生命趋于完美。教育走向了它的反面。这就是中国现行教育的方向性危机。

（三）体制性危机

中国的教育，原为国家大包大揽，教育费用由国家财政支出。教育"体制改革"以后，教育逐步与财政"脱钩"，被一步步推向社会、推向市场。教育开始向所谓的"产业化"(实质就是市场化）过渡，处于一种"事业化"和"产业化"交混的状态。国家仍然在政策上、财政上给教育一些有针对性的支持和补贴，但在很大程度上教育要自谋"发展"。中国的教育开始被商业和市场所腐蚀，社会邪气开始侵蚀教育。教育开始在中国的世俗化大潮中沉沦。在一些地方，教育行政官员贪污腐败，教师堕落、丧失师德，学生流俗，家长推波助澜助长腐败。教育"产业化""市场化"以后，教育者与被教育者之间的关系发生了根本的变化，教育的功能和性质也发生了根本性的改变。教育本来是国家和社会对公民的责任和义务，主要属于社会公益事业。而教育"产业化""市场化"以后，教育蜕变成为一个"行业"，一个"赚钱"的行业，经济效益成为评判教育成功与否的标准。教育者与被教育者的关系演变成了销售与购买的关系，对被教育者而言，教育已变成消费。没有钱就上不了学，读不起书。考取大学而读不起大学的人不在少数。对许多农村家庭而言，孩子收到大学录取通知书是一件悲喜交加的事情，一来孩子有出息了，有希望了；二来整个家庭将因此而破产。为供孩子上大学，他们不得不卖掉耕牛、卖掉房子，有的甚至拖着年迈的病体外出打工以供养孩子读书。这样的事在广大农村并不少见。

（四）汉语危机

中国教育的第四大危机就是汉语的危机。我们的母语就是汉语，这是中华民族自己的语言。我们民族的语言是人类文明史上最优美的语言，也是最优秀的语言。无论从文字的构造，还是语言的表现力抑或语言的韵律和典雅程度来看，我们的民族语言无疑都是非常优秀的。在人类文明史上，没有任何一种语言可以与中华民族的语言相媲美。令人遗憾的是，近百年来，在中国文化的西化过程中，我们民族的语言被败坏了，被糟蹋了，中国人被人为地置于母语的危机当中，不能正确地感受、体会、学习、掌握和使用自己的母语，从而使中国人丧失了文化和精神的创造力。

人们不能充分体会和感受汉语言的意蕴和魅力，不能正确地学习和掌握汉语言，也就无法用汉语言从事精神文化的创造。这是中国百年来在思想界、学术界、文化界缺乏重量级人物的最为直接的原因。民族精神的萎缩是与民族精神创造力低下相关联的，而精神文化的创造力低下又直接导源于母语低能。我们从小开始学习民族语言，学了几十年仍然不能写一篇像样的文章，"作文"历来是中小学教育的老大难问题。许多拥有硕士、博士头衔和教授头衔的人（尤其是非人文学科）母语运用能力仍然非常低下，更不用说非知识阶层的人们。究其根本，还是我们对待母语的态度和学习母语的方法错误。

现代语言学把汉语分为"古代汉语"和"现代汉语"，这种对民族语言的二分法还带有强烈的取舍情绪和潜在的价值判断。这种对母语的二分法及态度认为"古代汉语""文言文"是传统的，按"五四"逻辑来定性则是"落后"的、"过时"的，甚至是"糟粕"，因而是无用的、没价值的，是应该抛弃的。新文化运动的干将，白话文运动的倡导者，无一不对文言文竭尽挖苦讥讽之能事，无不对文言文深恶痛绝，仇视鄙弃。后人则击节称快，巴不得如此，他们有了不学习文言文的冠堂而皇之的理由，教书的人省了许多麻烦，学习的人免了许多"头痛"。"我是现代人，不学文言文"，就成为理直气壮，理所当然。然而，事与愿违，我们学了几十年的白话文和现代汉语，却始终无法洞悉民族语言的奥妙。

汉语有其自身独特的自性特质，要穷尽其奥妙，就不能违背其固有的规律。就本质而言，汉语没有所谓"古代"与"现代"之分，只有"书面"与"口头"之分，有"典雅"与"平淡"之分。汉语自身有其传统，我们不能人为地割断这个传统，只能在传统的基础上进行补充、开新和创造。而背离传统、割断传统，最终的结果只能让我们的补充、开新、创造的努力成为无源之水、无本之木。"口头"代替不了"书面"，白话文也无法取代文言文。消解了语言的形式美，必将导致其表现力的苍白，而表现力的苍白又必将导致其创造力的枯竭。

《马氏文通》以后，中国的汉语教育走向了所谓的"现代化"，实质上，就是用西方拼音化语言的语法分析法来作为汉语的教学方法。这是汉语教育教学的灾难性选择。这种语法分析法有如一把手术刀，把优美的语言肢解为"主谓宾、定状补"，把对语言的学习变成"造句""填空""选择""分析"。但空填得再好，ABC选得再准，主谓宾分析得再透也无法提高学生对语言的感受力和使用力。讲古汉语的老师不能用文言文写作，研究唐宋文学的博士不能写一副对联，更不用说古诗词。

古人说："读书破万卷，下笔如有神。""熟读唐诗三百首，不会作诗也会吟。"道理就这么简单！要知道那些反对文言文、倡导白话文的"大师"们，从鲁迅到胡适哪一个不是"三味书屋"式的传统教育培育出来的？哪一个不是读圣贤经典，读文言文读出来的？哪一个是靠分析"主谓宾、定状补"分析出来的？哪一个是靠填空填出来的，靠选ABC选出来的？郭沫若、徐志摩能在新诗上有所造诣，那是因为他们七八岁时就能对出优美的对子，写出漂亮的古诗。没有旧学的训练和涵养，哪来他们新学的造诣？陈寅恪先生就曾以对对子作为清华大学入学考试题。这就是大师的见地！文言的训练，语感的培养是可以在短期内见效的，而且是见奇效。笔者在中学语文教学中，训练学生用文言文写作，屡见奇效，学生写作能力突飞猛进。笔者在北京圣陶学校教小学二年级古诗文，学生三个月可对出优美的对子，现场考核，《人民日报》记者为之瞠目。而相形之下，"现代汉语"教育方法，十年也难以达成。传统教育的方式是我们的祖先集数千年的经验和智慧总结出来的，实践证明是有奇效的。我们有什么理由和资格弃之如弊屣、如垃圾、如糟粕？

汉语教育存在的危机，汉语的低能，难道还不足以让我们反思和追问？改革现代汉语的教育教学方法，放弃用西方拼音化语言的教育方法来从事民族语言教学，使用传统的母语学习和训练方法，提高国人的汉语能力，增强我们文化传承的能力和精神创造的能力。复兴母语，这是现行教育的当务之急。

二、对治之道

针对现行国民教育存在的上述危机，笔者在此提出对治之道，总结起来就是五大教育理念。

（一）重"传道"，重"育人"

教育在传授知识的同时必须注重"传道"和"育人"，传中华民族数千年来一脉相承的古圣人之道，即内圣外王之道。教育要彰显人的光明德性，要育人，要注重德性教育和人格教育。教育的终极价值目标，就是要把被教育者的人格培养成内圣外王的理想人格。

（二）"君子不器"

教育要培养的是人而不是工具。教育的目标是完善人的生命，应从知性和德性两个方面去完善。反对教育的应试化、职业化和工具化的价值取向。反对教育对人的异化。以儒家"君子不器"的理念，取代现行教育的工具化理念，实现教育完善生命、完善人性的目标。

（三）复兴汉语

从根本上改变"白话文运动"以来对文言文的基本态度，反对把汉语进行"古代""现代"的二分。民族语言是一个有自性特质的、有自身传承的有机整体。反对用西方语法学的方式分析和学习民族语言，恢复母语学习的传统方式，彻底改革中小学语文教育。从教学内容和教育方法上实行归根和返本，从而从根本上摆脱汉语低能的普遍状况。

（四）反腐败，倡师德

反对教育向产业化、市场化纵深发展，提倡教育向公益化发展。整治教育腐败，重建教育行为规范和道德秩序。力倡师德，重塑教师形象。

（五）读经典，习礼仪

经典指的是以"四书""五经"为基础的民族文化典籍。中国文化的主体就是儒家文化，儒家经典是民族文化之源。读经典，则"传道"在其中，"育人"在其中，"德性彰显"在其中，"生命完善"在其中，"汉语复兴"亦在其中。读经典是对治现行教育危机的综合之道。中华文明是礼乐的文明，礼是社会秩序的规范力量，人在习礼的过程中会得到陶冶，其"辞让之心""敬畏之心"都会在习礼的过程中得到呈现。读经习礼，相辅相成。要把经典教育、礼乐教育纳入国民教育体系，从小学到中学直至大学都要把经典立为必修课，作为基础教育和通识教育的重要内容。

按上述五个理念来改造现行国民教育，则教育的危机可逐步化解。教育改造的成功与否关乎民族复兴之大业，每个中国人都应慎思之，力行之。

孝道的真精神与真价值

一、"孝慈"释义

"父子"为儒家五伦之一,是最重要的伦常关系,位居五伦之首,儒家强调"父慈子孝"。儒家孝慈之道,是指父母(包括祖父母等直系长辈亲属)对子女要慈爱,子女对父母要尽孝道。在儒家看来,父慈子孝是天道、天理,是人伦大道。父母不慈,子女不孝,都是违背人伦,伤天害理。

孝悌也者,其为仁之本与!(《论语·学而》)

孝慈是仁德之本,百善之源。孝慈之道,又分为孝道与慈道。孝道是指下对上(如子女对父母)而言,慈道指上对下(如父母对子女)而言。

父母应关爱子女,慈祥与爱心是为人父母者所必备的,是天经地义的。子女的健康、安全、学习、生活、事业、爱情、家庭、冷暖等,都是父母毕生牵挂的大事。父母对子女大都有着无私的爱和不求回报的奉献。这种慈爱与牵挂,这种无私的奉献,这种望子成龙的期盼,就是儒家的"慈道"。

父母待子女以"慈道",子女事父母以"孝道"。孝是子女对父母的关爱和感恩。由于孝道相对于慈道而言增加了"感恩"的内涵,因此在孝慈之道中更加强调孝道一维。孝道也因此而具有更为丰富的内涵，在儒家诸德目中有着特殊的重要地位。

近百年来，儒家孝道作为"封建礼教的糟粕"，被近代反传统主义刻意歪曲，致使人们对孝道产生了极大的误解。许多人把《二十四孝》之类看作孝道，这是天大的误会。《二十四孝》中有许多违背人性的、愚昧的、矫情的，甚至伤天害理的东西，与儒家的孝道相去甚远。如："郭巨埋儿"故事中的郭巨夫妇，为母亲能多吃几口饭，要挖坑活埋自己三岁的儿子。这样的人禽兽不如，伤天害理，哪配言孝道？鲁迅们把这个账算到儒家头上，这叫泼污。郭居敬又不是儒者。

关于孝道的基本义理和内涵，主要载于儒家经典《孝经》。《孝经》由孔子所作，是儒家一部重要的经典，讲孝道应以《孝经》为据。孔子曾说："欲观吾褒贬诸侯之志，在《春秋》；崇人伦之行，在《孝经》。"《孝经》"虽居六籍之外，乃与《春秋》为表矣"。可见，《孝经》的地位不在"六经"之下。

二、"孝道"的内涵

人们通常把孝道解读为事亲，即侍奉父母，赡养父母，以及尊敬父母。事亲为孝，但孝并不仅仅指事亲。

> 夫孝，始于事亲，中于事君，终于立身。(《孝经·开宗明义章》)

事亲只是行孝的开始，并不是孝道的全部，孝道还有更为丰富的内涵。

（一）孝道是"事亲之道"

"善事父母为孝。"善事，即善于侍奉。何谓善于侍奉？就是以符合人伦大道、符合天道天理的方式事亲。

1. 行孝从珍爱自己开始

身体发肤,受之父母,不敢毁伤,孝之始也。(《孝经·开宗明义章》)

行孝首先要珍惜自己、爱护自己。对于父母来说,没有什么比子女的安全、健康更重要的事。子女平平安安,健健康康,无灾无病,这是父母最大的幸福。行孝,首先就是要成全父母的慈道。

相反,如果不珍爱自己,致使自己受到伤害,甚至酗酒、吸毒、自杀。最伤心的是谁?是自己的父母。所以,不珍惜自己,使自己受到伤害是最大的不孝!

2. 事亲五原则

子曰:"孝子之事亲也,居则致其敬,养则致其乐,病则致其忧,丧则致其哀,祭则致其严。五者备矣,然后能事亲。"(《孝经·纪孝行章》)

事亲绝不仅仅是生活上的照顾或赡养那么简单,必须发自内心地敬重父母;以赡养父母为乐;父母生病时会感到忧心忡忡;父母去世了则发自肺腑地哀痛;父母去世后每年都要按照礼制祭祀。这五个方面同时具备,才能称为事亲。正如《孝经》所言:

生事爱敬,死事哀戚,生民之本尽矣,死生之义备矣,孝子之事亲终矣。(《孝经·丧亲章》)

3. 立身行道,显亲扬名为孝

立身行道,扬名于后世,以显父母,孝之终也。(《孝经·开宗明义章》)

立身行道，建功立业，青史留名，让父母得以显贵，这是孝道的终极目标。望子成龙是父母的拳拳之心，行孝，就是要成全父母望子成龙之心。

（二）孝道是"事神之道"

"孝"之为"道"，即在于孝行本身具有超越神圣性和浓郁的宗教内涵。孝，参于天地，通于神明，达于圣贤。故名之曰"道"，称为"孝道"。

礼有三本：天地者，生之本也；先祖者，类之本也；君师者，治之本也。（《荀子》）

礼有"三本"，故人有"三报"：报天地生养之恩，报圣人教化之恩，报祖先生身之恩。"报"就是回报、报答，是感恩。孝者，效也，就是效法、回报的意思。人之行孝，不仅要事亲，还要事天、事地、事祖先、事圣贤。故此，行孝道，就须孝敬天地，孝敬祖先，孝敬圣贤。孝的宗教内涵与超越神圣性就在"礼三报"的儒家信仰中得以实现。

1. **孝敬天地**

天，是指儒家的至上神"昊天上帝"。在儒家看来，昊天上帝是万物的化生之源与最高主宰。"乾称父，坤称母"，天为父，地为母。天主生，地主养。人立于天地之间，为万物之灵，得天恩独厚，沐地德独丰。今生有幸为人，应该孝敬天地，报天地生养之恩。一切慢天不敬、不遵天道、不循天理的伤天害理之行，都是对天帝的"不孝"！

地，代表大自然，即江山社稷。人应孝敬自然，在儒家看来，山川河海都有神圣性，都要敬畏之。

夫子曰："伐一木，杀一兽，不以其时，非孝也。"（《大戴礼记·曾子大孝章》）

人要与自然和谐相处，儒家反对无节制地攻伐自然，掠夺自然。倡导有节制的、可持续的发展。一切破坏生态环境，掠夺自然资源的行为都是对大地母亲的"不孝"。

地，还代表历史文化。祖国，即我们祖先世世代代生存繁衍的地域。家国天下，其中包含历史文化，民族是一个活的生命体。爱国就应该爱自己民族的传统文化。一切慢天谤圣、自毁民族精神文化长城的人都是"不孝"子孙！

2. 孝敬祖先

由于祖先世世代代的血脉传承，我们才能从父母那里得到身体发肤之授，进而为人，以别于禽兽。自始祖至今，不知经历多少代相传而血脉不断。祖先于我们有生身之恩，有身体发肤的创造之恩。故此，我们今生有幸为人，须感谢祖先血脉传承之恩，要孝敬祖先、报答祖先。

祖先神灵为儒家大神，位格仅次于昊天上帝，与社稷和圣王同格，是昊天上帝的配享神灵。《礼记》曰：

人本乎祖，此所以配上帝也。

祖先，包括民族祖先与家族祖先。民族祖先是指中华民族的开族先王，即以黄帝为代表，包括青帝伏羲、炎帝神农及尧、舜、禹、汤、文、武、周公在内的民族始祖及民族先王。家族祖先，则是百家姓氏的列祖列宗。荀子曰：

先祖者，类之本也。无先祖，恶出？

祖先与我们有血缘关系，有生身之恩。没有祖先，就没有我们的生命，没有我们的一切。生身之恩是大恩，生身之德为大德。所以，人人都应该尊祖、敬祖、崇祖，应该孝敬祖先。

子曰:"禹,吾无间然矣。菲饮食,而致孝乎鬼神。"(《论语·泰伯》)

祖先神是人格化的神秘灵体,祖先在中国人的心中永远是神圣的。只要我们能尊祖敬宗,虔诚地信仰神灵,做到"事死如事生",这就是对祖先的"孝"。

宗庙致敬,不忘亲也。
孝悌之至,通于神明。(《孝经·感应》)

儒家认为,按照儒家的礼仪事神祭神,列祖列宗在天之灵就会与我们同在,就能以他们超自然的力量保佑我们平安幸福,得遂所愿。

祖先神灵是所有中国人心中共有的神灵,祖先崇拜是所有中国人共同的信仰。数千年来,从先圣先贤、帝王将相到士农工商,无不尊祖敬祖,拜祖祭祖。帝王有宗庙明堂,百姓有宗族祠堂,家庭有祖先牌位。祖先崇拜自上而下,化民成俗,构成了儒家文明独有的特质和魅力。

修身慎行,恐辱先也。(《孝经·感应章》)

中国人就在这种对祖先的孝敬中实现自己及家族生命的永恒价值。

3. 孝敬圣人

天佑下民,作之君,作之师,惟其克相上帝,宠绥四方。(《书经》)

上帝眷顾生民,故特为生民立"君",代上帝管理天下;为生民立"师",代上帝教化百姓。师,就是圣人;君,就是君王,今天也称"国家元首"。集君师为一体,就是圣王。唯有"圣王"能辅佐上帝,保民安民,教民化民,把上帝的天恩天德布于四方。孔子就是昊天上帝为天下生民所立的"君师",是昊天上帝派往人间管理天下、教化百姓的圣王。昊天上帝以孔子为木铎,振告万民,发布政令,推行教化,广施天德。

> 非先王之法言不敢道,非先王之德行不敢行。(《孝经·卿大夫章》)

天降宣圣,代天立言,为生民制宪立法。孔子承天命,施政教于天下。孔子是儒家文明的集大成者,是中华民族的先知,是人类文明史上的至圣神明。我们沐圣人的阳光雨露,接受圣人的教化,就应该感恩圣人,尊重圣人,敬畏圣人。总之,要孝敬圣人。

> 君子有三畏:畏天命,畏大人,畏圣人之言。小人不知天命而不畏也,狎大人,侮圣人之言。(《论语》)

维护孔子的神圣尊严,就是维护中华文明的尊严,就是维护中华民族的尊严。师尊,则道尊;圣人尊,则文化尊;文化尊,则民族尊。亵渎圣人,是对民族精神文化的作践与犯罪。这对于每一个有良知的中国人而言,是绝对不应该有的行径。

(三)孝道是齐家治国平天下之道

孝之为"道",除了具有亲亲仁爱、人伦善德及敬畏神圣的宗教性质外,还具有社会政治性质。孝道还具有社会政治的建设性价值,具有履行社会责任与政治义务的社会功能。

1. 以孝事君　移孝为忠

> 资于事父以事君,而敬同。(《孝经·士章》)
> 君子之事亲孝,故忠可移于君。(《孝经·广至德章》)

子曰:"孝慈则忠。"忠孝不二,移孝为忠。在家做孝子,出门做忠臣。数千年来，历朝历代都倡导以孝治国，以孝治天下。在儒家看来，家国一体，齐家与治国平天下是不可分的。孝慈之道是齐家之道，也是治国之道。

一个人要能做到以事亲之心和态度去事君，那份敬意是没有区别的。而有了这份敬意，人的良知就会呈现，就不会做出犯上作乱、违背人伦甚至伤天害理的事。

一个事亲尽孝的人，其事君必然尽忠。什么是"忠"？朱子曰："尽己之谓忠。"就是要尽到自己的一切：尽心、尽力、尽情、尽责、尽义。

识别一个人是否忠诚，就看他是否有孝心，是否尽孝道。一个对父母亲人都不孝的人绝不可能是一个忠义之士！

> 故不爱其亲而爱他人者，谓之悖德；不敬其亲而敬他人者，谓之悖礼。
> 不在于善，而皆在于凶德。（《孝经·圣治章》）

不爱自己的亲人而专爱陌生人，这是悖逆人道的。不孝敬自己的父母而专门孝敬别人的父母，这是违背天理的！这样的行为不是善德，而是凶德。只有泯灭良知，别有用心的人才会如此乖张！

故此，儒家把忠孝二德视为孪生德目，是一而二、二而一的"一体两用"关系。千百年来，历朝历代都提倡孝道，表彰孝子，甚至"举孝廉"一度成为朝廷选拔人才的制度，行孝成为官员考评的重要依据。历代帝王都非常重视"以孝治天下"。其根本原因就在于我们民族固有的"忠孝不二"的文化特质。

2. 明刑弼教，以孝治世

> 不教，无以理民性。（《荀子·大略》）
> 圣人之道，不能独以威势成政，必有教化。
> 教化不立，而万民不正也。（《春秋繁露·为人者天》）
> 教民亲爱，莫善于孝；教民礼顺，莫善于悌。（《孝经》）

经世治国有两种途径和手段,其一是靠警察、军队等国家机器所支撑的法律手段,这是一种硬性的强制力量;其二是靠教化的途径和手段。教化就是通过对民众进行道德培育,化民成俗,通过改变人心来改变社会,通过完善人性来完善社会。

善政,不如善教之得民也。善政,民畏之;善教,民爱之;善政得民财,善教得民心。(《孟子·尽心上》)

法律的强制力,使民众产生畏惧之心;而教化则能够使人产生道德自觉,使人心趋善,从根本上化解社会的内在冲突,让社会得以有序,国家得以长治久安。经世治国需要法制,更需要教化。忠孝之道,就是儒家教化的重要内容与形式。

爱敬尽于事亲,而德教加于百姓。(《孝经·天子章》)
生则亲安之,祭则鬼享之。是以天下和平,灾害不生,祸乱不作。(《孝经·孝治章》)

如果一个人在事亲的过程中能充分体现出仁爱与敬畏之心,那么,他的善德就会广被天下,并对百姓起到良好的教化作用。少有所长,老有所养,神有所祭。事亲以孝,事君以忠。如此,则天下和平,国家稳定,社会有序。世界就不会有灾害与祸乱,百姓就能安居乐业。

现代法制思想和理念视孝慈为道德,儒家视孝慈为天道天理、为人道、为王法。在儒家看来,不孝不仅是违背道德的问题,而且是伤天害理的违法犯罪行为。

五刑之属三千,而罪莫大于不孝。(《孝经·五刑章》)

不孝之罪为十恶不赦的大罪,历朝历代对于不孝之罪的惩罚都是十分严厉的。"不孝",是对一个人在道德上的绝罚,要"逐出家门",

死后不得入宗祠，成为孤魂野鬼。同时，还要进行刑事处罚，并罪加一等。

在儒家看来，人伦就是天伦，天理大于王法。人世间的一切法律制度都是人定的，要从属于天理人情。当二者发生冲突时，法律制度要让位于天理人情。

父为子隐，子为父隐，直在其中矣。(《论语·子路》)

儒家父慈子孝之道，在亲亲互隐的天理人情中体现得淋漓尽致。在西方文化中，父子关系为契约关系、法权关系，强调责任和义务。而中国则把父子关系视为天伦，是天秩、天序，且天理大于王法。抚养儿女、赡养父母，西方人视为责任和义务，而中国人则视为天理人情。

儒家的生死之说

人事之大，莫过于生死。生死关切，是人的基本焦虑，生死问题是人的根本问题。《礼记》曰："合鬼与神，教之至也"；"明命鬼神，以为黔首则。"参通幽明，究明生死，乃儒家大道所系。

一、原始返终，知生知死

孔子说："未知生，焉知死？""未能事人，焉能事鬼？"(《论语·先进》)许多人依据圣人这两句话，便断定儒家只关注现世，不关注来世，重生不重死，言生不言死；认为儒家不关注死亡问题，把死亡之事与鬼神之事悬置不论。这是对圣言的误解，是对儒家经义的误解。其实，儒家非常关注也非常重视死亡问题。圣人以神道设教，生死之道、鬼神之道是儒家的重要内容。对死亡问题的重视，与对死后世界的关注，是儒家经义不可分割的组成部分。儒家有自己的生死观，有着关于灵魂世界及神鬼之道的系统阐述。这些观点和阐述详见于儒家经典与先圣先贤的言论之中。这是儒家的基本经义，儒家既是入世间法，也是出世间法。《礼记》曰："明则有礼乐，幽则有鬼神。"这里"明"是指人间世界，"幽"则是指人死后的世界，即神鬼的世界。礼乐即"入世间法"，系指仁义礼智之性、修齐治平之道、人伦纲常之道；而鬼神之道，就是出世间法。

依儒家经义,幽明相通,生死不贰。入世间法与出世间法一以贯之,悉统于天道。入世间法就是"生"之道，"生"之道即人之道。人道本于天道，人道与天道相贯通，人道是天道、天理在人世间的落实。出世间法就是"死"之道，"死"之道即鬼神之道。鬼神之道是天道、天理在灵魂世界、在神鬼世界的体现。故出世间法也与天道、天理相贯通，神鬼之道亦是天道。故依儒家经义，生之道即死之道，明之道即幽之道，人之道即神鬼之道。幽明之道、生死之道都统摄于天道。

明有礼乐，幽有鬼神；明有善恶，幽有屈伸；明有正邪，幽有清浊；幽明相通，生死不贰。故知生即可知死，知人之道就可以知鬼神之道。故圣人说："未知生，焉知死？""未能事人，焉能事鬼？"此话并非不关注死亡，恰恰相反，这正是究竟之说，是对生死之道的大彻大悟。二程子说："知生之道，则知死之道；尽事人之道，则尽事鬼之道。"（《二程集》）圣人在这里给我们开启了一道在现世究明来世、在冥界了悟幽界的大门。

人之生也，自天而降；人之死也，归天而去。人为天子，系上天所生，人之生曰"始"，故人始于天；人之死曰"终"，人死返终，故儒家把死称为"归天"。

原始反终，故知死生之说。（《易经·系辞上》）
舍真际而谈鬼神，妄也。（《张子正蒙·乾称篇下》）

人始于天，亦终于天。人生于天，死亦归于天。生死之道与幽明之道都是天道，原始返终，就能知死生之道，知幽明之道。舍生而谈死，妄也。原始而知生，返终而知死。生而不失吾常，尽人之性，明人之道；死而适得吾体，尽天之性，明鬼神之道。天道贯通幽明，知明则知幽，知生则知死。生之道即死之道，知人之道则知鬼神之道。与天合德，则幽明相通，始终如一，生死不贰。原始返终，方可究明生死。

二、存顺没宁，死而不灭

依儒家经义，昊天上帝所居之处为太虚之境。太虚之境是人的耳目不能闻见的更高维度的神圣空间。横渠先生曰：

太虚无形，气之本体；其聚其散，变化之客形尔。气之为物，散入无形，适得吾体，聚为有象，不失吾常。(《张子正蒙·太和》)

太虚之境是昊天上帝化生万物之源，也是万物散归之所。人之生，源于太虚之气；人之死，则归天返于太虚之境。故此，儒家认为，人死而不灭，人之死只是形溃归天，原始返本而已。

太虚为气之本体，"无形而实有"，气之聚散于太虚，"犹冰之凝释于水"。气聚，犹如水凝而为冰；气散，犹如冰融而为水。太虚之气，阴阳交感，聚以成象而生人；而人之死，则是形溃气散，气散而返归太虚之境。形溃反原，游魂为变而为神鬼。天道循环，聚散不止，生生不已。有聚有散，有生有死，死而不灭。

在儒家看来，人的生死不过是气的聚散，气聚则有形有象，可目见耳闻；气散归于太虚则无形，耳目不能闻见。人死而不灭，成神成鬼，只是改变了存在的形态，变更了存在的空间，凡人不可闻见而已。所以，儒家之于生死，只说"聚散"，说"终始"，说"屈伸"，说"幽明"，而不说"生灭"，不说"有无"。在儒家看来，人与世间万物都是上帝的造化，是永恒不灭的存在，不可能"灭"，也不可能"无"。

魂气归于天，形魄归于地。(《礼记·郊特牲》)

聚亦吾体，散亦吾体，知死之不亡者，可与言性矣。(《张子正蒙·太和》)

万物形色，神之糟粕。(《张子正蒙·太和》)

存，吾顺事；没，吾宁也。(《张子正蒙·乾称》)

儒家无"灭",亦无"无"。对儒家而言,"死"只是由聚而散,由明入幽而已,死而不亡,死而不灭。幽不是灭,也不是无,言其幽,是因为耳目闻见之力不能及。一物两体,相感为一。"两体者,虚实也,动静也,聚散也,清浊也,其究一而已。"人之体,有灵肉,有身心。阴阳交感,灵肉合一,聚而有形;死而形溃,灵肉相分,身心相离,魂气归于天,形魄归于地,散入太虚。聚为吾体,散亦吾体,死而不灭,死而不亡。灵肉相分,身心相离,魂气归于天而为神鬼,形魄归于地而为灵魂的糟粕。

生,自幽至明;死,自明返幽。幽明相通,生死往来,聚散屈伸,都是上帝造化。天恩所赐,何来"生灭"?何来"有无"?"碍于形者不知生,滞于灭者不知死。"形聚为物,灵魂在其中,天性在其中;形溃反原,形散而气不损,神不灭,灵魂不朽。生死,聚散而已,变易而已。自天而降,归天而去。生死,皆得吾体,皆成吾性。何惧之有?何畏之有?知生死幽明之道,则能安生安死。生,则受上天造化,顺天命尽人道,以善吾生;死,亦沐天恩天德,循天命,归天宁息,以善吾死。存顺没宁,生死俱善。与天合德,大道圆成,则能沐上帝再造之恩,重新参与宇宙大化,获得永生,万劫不灭。

三、游魂为变,神鬼殊途

子贡曰:"大哉,死乎!君子息焉,小人休焉。"(《荀子·大略》)

人事之大,莫过于生死,故子贡有此一叹。然而,子贡所感叹的,不在"死"之为"大",而在"死"之有"异"。子贡的感叹并非仅仅在说"死"是人生命中的一件大事,而是感叹说,"死"这样的大事亦有君子小人之别。君子之死曰"息",小人之死曰"休"。"息"与"休",是有很大不同的。"息,喘也。""休,息止也。"(《说文》)君子之死,犹如喘口气,暂时歇息而已;小人之死,则息而止也。君子之死与小人之死虽同为死,然其死后的结果与命运是不同的。那么,

| 守望精神家园

息与休有何不同,君子、小人之死又有何差别呢?

儒家认为,人之生为气之聚,人之死为气之散。人禀太虚之气不同,人之生有君子小人之异,人之死亦有君子小人之别。生死为气之聚散,气有清浊之分,人则有智愚善恶之别。气清者为智为善,为君子;气浊者为愚为恶,为小人。

儒家倡导"养气",即孟子所谓养吾浩然之气。如善养其气,则浊气下沉,清气上扬,无碍而为神;不善养其气,则清气下沉,浊气上扬而碍于形。碍于形者,其生也,为形骸所滞,为私欲所蔽,故而良知不显,明德不现,为愚为恶;其死也,返归太虚,浊气下沉屈附于地为鬼。而气清者,不碍于形,其生也,公而无私,存理灭欲,去私欲之蔽,良知呈现,明其明德,而为智为贤,为善为德;其死也,清气返太虚,伸升上扬而为神。

清则无碍,无碍故神。
浊则有碍,碍于形。(《张子正蒙·太和》)
精气为物,游魂为变,故知鬼神之情状。(《易经·系辞》)

人之死也,其气散归太虚,气清者伸升上扬而为神;气浊者,下沉屈附而为鬼。游魂为变,神鬼殊途。为善有德者,气清而为神;为恶无德者,气浊而为鬼。为神者,伸升上扬,"在帝左右",与天合德,故能沐上帝天恩得以再造。为鬼者,屈附下沉,成为上帝之"弃魂",逆天命背天道,上帝威行天罚,绝其天恩,不予再造。

君子之死,清气上扬,伸升为神,与天合德,能沐上帝天恩得以再造。故其死曰"息",即暂停歇息,以俟天命,待上帝再造,重新参与宇宙大化,从而获得永生。而小人之死,浊气下沉,屈附为鬼,逆天背道,沦为"弃魂",上帝绝之,不予再造。故其死曰"休",天意绝之,天命止之,没有机会重新参与宇宙的大化,不能得到生命的永恒,不能获得永生。

天人相贯,幽明相通。幽之道合于明之道,死之道合于生之道,鬼神之道合于人道，全都统于天道。天道在"明界"则为人道，在"幽界"则为鬼神之道。天道本仁，天道之于人间则有仁义礼智之性；有恻隐、羞恶、辞让、是非四端；有父子、君臣、夫妇、兄弟、朋友五伦；有仁政、德治之道；有善恶之分，智愚之别，贤不肖之异。天道之于幽界则有清浊之分，有屈伸之异，有神鬼之别，有"息""休"之判。

息，则能成神，能沐天恩再造，生生不已。休，则为鬼，沦为弃魂，上帝绝之，不予再造，万劫不复。是"息"，是"休"，成神成鬼，虽是天命，然何去何从，全在我们自己。如不愿死后为鬼，被天恩所绝，万劫不复再造，那就必须于身前顺天命，循天理，守天道，守仁义礼智之性与"五伦""四端"之道，为善去恶，积善成德。"善吾生者善吾死"，身前为善积德，守人道而绝禽兽之行，则死后必有善报。"神化者，天之良能"，昊天上帝无所不在，无所不知，无所不能。任何逆天妄道，伤天害理之事都难逃天地之间，都将受到上帝的天罚。切莫因一时的私欲之蔽而沦入万劫不复的境地。《书经》云："罚及尔身，弗可悔！"故不可不慎之。

四、修身俟命，敬始慎终

敬始，就是恭敬、严肃地对待生；慎终，即谨慎、慎重地对待死。人道就是生死之道，生而得其善始，死而得其善终，则人道可尽。尽人道则可尽天道，尽天道则与天合德，与天合德则与鬼神合其吉凶；与鬼神合其吉凶，则得其善终。荀子曰：

生，人之始也；死，人之终也。终始俱善，人道毕矣。故君子敬始而慎终。（《荀子·礼论》）

那么，如何才能敬始慎终呢？善其生者善其死，善其始者善其终。欲善其生者修其身，欲善其死者俟其命。君子修身俟命以善生死。

修身之道以为善去恶、穷理尽性为要务。人道本于天道，人性本于天性，事理本于天理。天道落实于人世间即为人道，人道就是仁义礼智之性；是良知，是明德；是父子、君臣、夫妇、兄弟、朋友"五伦"之道；是恻隐、羞恶、辞让、是非"四端"之道；是仁政、德治、家国天下之道。修身就是修人道，就是悟人道、守人道、行人道、弘人道。人道本于天道，故修人道就是修天道。

人在有生之年若能致良知，明明德，为善去恶，尽仁义礼智之性，守"五伦""四端"，以家国天下为己任，就能够修得人道，也就能修得天道。能尽天性，明天道，循天理，就能与天合德。孔子曰：

朝闻道，夕死可矣。（《论语》）

这是参通天人，贯通幽明，彻悟生死的究竟之语。天人之道，幽明之道，死生之道，一以贯之。闻其道，则参通天人，贯通幽明，知天知人知鬼神，知生知死知幽明。穷理尽性，就能天人幽明一以贯通，就能与天合德，与鬼神合其吉凶。如此，则死得其所。明于道而可安于死，故朝闻道，夕死可矣。若不闻道，则理不能穷，性不能尽，天人之际不能参，幽明之际不能究，死生之道不能明，鬼神之吉凶不能合。生，则不知其所由，不知其所守；死，则不知其所往，不知其所之。

不闻道，我来自何处，又将去向何方？不知不晓，死后的世界将是个什么样，将有什么样的结果和命运，不明不白。怎能不畏惧？道之不闻，何敢死耶？故闻道，则可安死。

既为天子，则不可不知天意，不可不顺天命，不可不循天理；修身以俟天命，全其生以全其死，敬其始以慎其终。凡我天子均应致其良知，明其明德，守仁义礼智之性。生，则修身以尽人之道，合天之德；死，则归太虚为神，俟天命得以再造，重新参与宇宙大化，获得永生。

五、惜身远患，不避义死

人之身，乃父母所赐；人之性乃上天所赋。善吾生者，首先要珍惜生命，热爱生命，重视生命，不能轻易言死，更不能随意赴死。远离祸患是最基本的善身之道和全身之法。见祸而不远，知患而不避，就是不珍惜生命，就是逆天背道，是不孝之行。故《孝经》开篇云：

身体发肤，受之父母，不敢毁伤，孝之始也。（《孝经·开宗明义》）

惜身自爱，远祸避患，珍惜生命，这是最基本的也是最大的孝。故圣人告诫我们，君子不立危墙之下。天道以仁义为本，上帝以慈爱为心，对万物尚有一颗仁爱之心，何况于人乎！对生命的珍爱与重视是儒家的基本义理，也是天心圣德之所系。

司马迁说，人固有一死，或重于泰山，或轻于鸿毛。见祸而不远，知患而不避，其死轻于鸿毛。亡身货利，铤而走险，为一己私欲而死，亦轻于鸿毛。而杀身成仁、舍生取义者，其死重于泰山。死得其道者，死得其所。荀子曰：

（君子）畏患而不避义死。（《荀子·不苟》）

"人生自古谁无死，留取丹心照汗青。"丹心是什么？丹心就是赤子之心，是忠义之心，是大公无私之心。丹心就是道心，是仁义礼智之心，是恻隐之心，羞恶之心，辞让之心，是非之心，是家国天下之心。留取丹心在，其死即为义死，死得其所，重于泰山。故君子远患而不避义死。不避义死，谓之勇。"仁智勇"为儒家"三达德"。所谓达德，就是至德，是最高的道德。义死就是至德，是最高之德。儒家之所谓勇，非匹夫之勇，更非小人之勇，乃君子之勇。小人之勇，为一己私利，铤而走险，亡身殖货，见小利而亡命。匹夫之勇，则为无智之勇，是非不明，轻易蹈死，或心浮气躁，逞一时之快而舍生忘死。君子之勇，大仁大义，大智大德，不惜一己之身而循大道，成大德，取大义。君子至公至大，无私无欲，无所畏惧，坦然面对死亡。正因为如此，儒家视君子之勇为达德，视义死为至德。孟子曰：

> 生亦我所欲也；义亦我所欲也。二者不可得兼，舍生而取义者也。（《孟子·告子上》）

对生命的珍爱与不避义死的凛然无畏，构成了儒家君子厚德载物、天行刚健、生死如一的特殊人格魅力，也构成了儒家于生死大道的基本义理。大义所系，视死如归，方为儒者气节；杀身成仁，舍生取义，才是圣徒品格；为循大道，不避义死，方显天子真性情。

六、失得勿恤，往有庆也

悦生而恶死，乃人之常情。但这只是闻大道悟大道之前的人之常情。《易经》曰：

> 失得勿恤，往有庆也。（《易经·晋卦》）

"恤，忧也，收也。""庆，行贺人也。"（《说文》）其意是说，失去所得，不要忧虑，也不要想方设法去收回来。顺事而去，循理而往，往则吉利，必有喜庆祥瑞降临。

人的生命，得之于天命，亦失之于天命。人之生，为天恩所赐；人之死也是天命所归。有生有死，有聚有散，这是天命使然。无论贫富贵贱，智愚贤不肖，概莫能外。失去肉体生命无须忧虑，更不要企图以人力去改变天命。聚散生死皆是天命安排，死是每个人都必然要面对的。凭人力以求"长生不老"是不可能的。死生有命，富贵在天。参明生死，坦然以对，失得勿恤。只要在有生之年能得闻大道，修身俟命，尽心知性以知天，为善去恶以尽人道，就能参通天人，贯通幽明，知生知死；就能与天合德，与鬼神合其吉凶；就能沐上帝天恩以再造，得以重新参与宇宙大化过程，获得生命的永恒。在儒家看来，得道归天，善始善终，这对人而言，是莫大的幸事，有什么值得忧虑的呢？

彻悟大道，就能知生知死，视幽明不贰，始终如一，不为生死所动。阳明先生说："人于生死念头，本从生身命根上带来，故不易去。"（《王阳明全集》）生死的焦虑是人最基本的焦虑，生死的问题也是人生命中的大问题。不彻悟生死之道，人就永远不可能去除畏死之心与怕死之念。唯有究明生死，知幽知明，人才能"以生死为本分事"，从而摆脱畏死之心，坦然面对死亡；才能真正做到死于安乐，死于宁息。至于如何"再造"，这是天命所在，凡人不必妄加测度。唯有修身修德，为善去恶，以俟天命。闻道而死，则"往有庆也"；没则宁矣，死则安矣！幸矣！

马一浮先生临终之际曾留下一首绝笔诗，这首诗用精练的语言和优美的意境对儒家生死之说做了阐释。从字里行间我们可以看出，一个人究明生死，得成大道之后，面对死亡时的坦然与安乐，以及即将重新参与宇宙大化过程的兴奋和愉悦：

乘化吾安适，虚空任所之。
形神随聚散，视听总希夷。
沤灭全归海，花开正满枝。
临崖挥手罢，落日下崦嵫。

儒家神灵谱系

在数千年的历史上，中国从帝王到士大夫再到普通百姓，都虔诚地信仰天神、天命和天道。在儒家经典中，有许许多多关于天神、地祇和人鬼的内容。儒家的神灵系统、神人关系及神人交通方式，在儒家的经典中都有详细记载和阐述。《易经》曰：

圣人以神道设教，而天下服矣。（《易经·观卦·彖传》）

何谓神道设教？《礼记》曰：

明则有礼乐，幽则有鬼神。（《礼记·乐记》）

"明"，指人间世界，是可见可闻的世界。"幽"，则指的是神鬼的世界，是人们不能闻见的世界。"神，天神，引出万物者也。"（《说文·天》）这里的神指天神，天神即万物的创造者与主宰。依儒家经义，除天神以外，宇宙万物间每一种类都有一主管之神。日月星辰，风雨雷电，山川河海，井路门灶都各有主管之神，即儒家所谓"百神"。另外，神也指亡灵，即人死后的存在。"阳魂为神，阴魂为鬼；气之伸者为神，气之屈者为鬼。"人死后，有的伸升于天而为神，有的屈附于地而为鬼。

制礼乐以明人道，究鬼神以明天道。人道与天道相通，明人道就能明天道，知天道就能知人道。孔子说"吾道一以贯之"，即是此理。

儒家所谓"天人合一",也是这个道理。

儒家神灵,有以下几类:第一,天神。以"昊天上帝"为主,日月星辰诸神为辅。"昊天上帝"是儒家的至上神,是宇宙世界的创造者和万物的主宰。第二,以社稷为代表的诸物百神。"社者,土也;稷者,百谷之主。"社稷神是儒家大神,位格仅次于昊天上帝。第三,以孔子为代表的儒家圣贤神灵。依儒家经义,孔子为儒家大神,位格仅次于昊天上帝,与社稷同格。第四,以黄帝为代表的民族先王神灵,包括黄帝、伏羲、神农、尧、舜、禹、汤、文、武、周公等。第五,家族祖先神灵。第六,历史上有功德于民者。如殉国殉道的忠烈之士,节义之士,各行各业有创业垂统之大功者,均列为祀典,成为儒家神灵。

一、昊天上帝

昊天上帝是儒家的至上神,是宇宙世界的创造者和万物的最高主宰。早在《尚书·尧典》中就有了关于上帝的记载:"肆类于上帝,禋于六宗,望于山川,遍于群神。"明朝末年,意大利传教士利马窦来华传教,尊重中国人的传统信仰,把基督教的神译为中国儒家的至上神"上帝"。其实,数千年来,"上帝"就始终是中国人信仰的至上神,而不是基督教的神灵。

关于儒家的至上神,历史上有不同的称谓。以"天"称之,则称上天、苍天、昊天。以"帝"称之,则称上帝、天帝。以"神"称之,则称天神、太一神。隋代依《周礼》称为"昊天上帝",并沿用至今。

在儒家历史上,对于至上神的称谓虽然不一,但其内涵却是一致的。"以形体言之谓之天,以主宰言之谓之帝,以妙用言之谓之鬼神。"(程颐《程氏遗书》)昊天上帝苍然广大,无所不包,无所不在,故称为"天"。昊天上帝为万物的化生之源和最高主宰,至尊至上,故称为"帝"。"帝"字在甲骨文中形似花蒂,有花落生果之意。"帝"

为万物化生之源，有生物之德。昊天上帝高高在上，君临下界，无所不知，无所不能，故称为"神"。

昊天上帝集天、帝、神为一体，亦天、亦帝、亦神。"天"以言其广大，无所不包，无所不在；"帝"以言其创造世界，化生万物，全善全德，为宇宙万物的最高主宰；"神"以言其高妙，无所不知，无所不能。"天"为体称，"帝"为德称，"神"为功能妙用之称。

依儒家经义，天有"人格之天"与"义理之天"两种意指。义理之天是内在于生命的心性之天，即所谓性与天道。人格之天是外在的主宰之天，即所谓人格神。《学》《庸》《孟子》《易传》及宋明心性儒学所讲的"天"，主要是义理之天。心性儒学是儒家的内圣之学、修身之学、身心性命之学，其对于天的理解有较强的义理化和心性化倾向，这是一套关于生命和道德的形而上学。心性儒学讲天道性理、尽性知天、天人合一、天即是理，这里的"天"就是义理之天。《诗》《书》《春秋》及儒家经学所讲的"天"，则主要是人格之天、意志之天和主宰之天。这个天是外在而超越的人格神，即昊天上帝。

《诗》云："文王在上，于昭于天。"（《大雅·文王》）
　　　　"明明上天，照临下土。"（《小雅·小明》）
　　　　"宜民宜人，受禄于天。"（《大雅·假乐》）
《书》云："上天孚佑下民。"（《汤诰》）
　　　　"先王有服，恪谨天命。"（《盘庚》）
《论语》曰："获罪于天，无所祷矣。"（《八佾》）
　　　　"天将以夫子为木铎。"（《八佾》）

这里的"天"都是指意志之天、主宰之天，是外在而超越的人格神，即昊天上帝。义理之天与人格之天，内在之天与外在之天，并不冲突，并不矛盾。恰恰相反，天的这种双重意指，铸就了儒家人神一体、内外相通、一以贯之的特殊品格及"中和之魅"的大道风范。①

孔子曰:"君子有三畏,畏天命,畏大人,畏圣人之言。"(《论语·季氏》)

《诗》曰:"我其夙夜,畏天之威。"(《周颂·清庙》)

《书》曰:"予畏上帝,不敢不正。"(《汤誓》)

钦崇天道,永保天命。(《仲虺之诰》)

在儒家经典之中,敬畏上帝之言,敬畏天命之言,俯拾皆是。由此可见,儒家对于上帝及天命信仰的虔诚。

儒家之礼以祭祀为大,而祭祀之礼又最重祭天。祭天之礼安排在正月上辛,为每年岁首第一件大事。依儒家礼义,祭天必须先卜,不是吉日不得祭天。丧者不祭,只有祭天可越丧而行。董子说:"《春秋》之义,国有大丧者,止宗庙之祭,而不止郊祭,不敢以父母之丧,废事天地之礼也。"②

二、圣王孔子

孔子(公元前 551~公元前 479 年)名丘,字仲尼,春秋时期鲁国人。

孔子远祖系商代王室,周灭商,周成王封微子启于宋,其远祖遂从王室转为诸侯。孔子之六代祖为孔父嘉,名"嘉",字"孔父",以功高德厚获赐族之典,其后代以先人之字为氏,是为孔氏。孔氏为宋国公卿,至孔防叔时,孔氏为避宋国宫廷之乱而奔鲁。至此,孔子先祖遂由贵族公卿转为士族之家。孔子之父叔梁纥,系孔防叔之孙,武功卓著,力大无穷,在当时以勇闻名。叔梁纥在逼阳之战中,

---

① 蒋庆:《生命信仰与王道政治》,台湾养正堂文化事业股份有限公司 2004 年版,第 222~226 页。

② 董仲舒:《春秋繁露》卷十五《郊祭》。

力举悬门，拯救士卒，以战功被封为鲁国陬邑大夫。[①]

孔子母亲颜氏，名征在。叔梁纥六十六岁时娶颜征在为妻，婚后一年不见有孕，颜征在便前往尼山祈祷，求尼山神灵早赐贵子。尼山祈祷归家后，颜征在腹中沉重，感觉异常。入夜，梦中见祥云绕梁，一仙女牵着麒麟立于面前，颜征在上前施礼。仙女道：

> 颜征在听宣：圣人皆无父，感天而生。叔梁纥先祖宋公，系殷商之后，黑帝之子。汝感黑帝之精，孕育玄圣，教化天下。

言毕，飘然而去。麒麟猛喝一声，颜征在从梦中惊醒。回想梦中之事，不甚明白。后来，果然有孕在身。

产期将临，颜征在往尼山还愿。途中，颜征在突然腹中阵痛，丫鬟将其扶进路边山洞歇息，不久，于洞中分娩。千古圣王孔子，便于此洞诞生。是年为周灵王二十一年，鲁襄公二十二年，夏历八月二十七日（公元前551年9月28日）。孔子诞生的山洞后人名之曰"夫子洞"，也称"坤灵洞"，位于今山东省曲阜市尼山。

孔子有异表，其相貌生下来就与凡人不同，而带七露：头顶四周高，中间凹，若反扣之天体，即所谓"反宇"；口大如斗；舌有七层纹理；虎掌；龟背；骈齿；辅喉。依古代相学，这是德行至高的"圣者"骨相。孔子因祷于尼丘山而生，生而有异表，头如反宇，类似尼丘山，故名丘，字仲尼。

孔子"十有五而志于学"，精于"六艺"，学无常师。曾问礼于老聃，习乐于苌弘，学琴于师襄，好学不厌，博学多能。孔子杏坛设教，聚徒讲学，首开私学之风，弟子三千，贤人七十二。后致仕从政，官至大司寇，摄行相事，治国有方。孔子曾周游列国，游说诸侯，干七十余君，传播推行儒家礼乐教化及仁政德治之道。返回鲁国后，潜心述作儒家经典，删《诗》《书》，定《礼》《乐》，赞《周易》，作《春

[①] 钱穆：《孔子传》，三联书店2002年版，第3页。

秋》，制万世大法，彰显天心，遂行天命。

圣人不空生，必有所制，以显天心。丘为木铎，制天下法。(《演孔图》)

木铎是一种铜质木舌的铃，古代用于召集民众，宣政布教。昊天上帝以孔子为木铎，振告万民，发布政令，推行教化，广施天德。天降宣圣，代天立言，为生民制宪立法。

儒家公羊学有"孔子为王"之说。孔子为素王，素王就是无位之王。孔子作《春秋》，乱臣贼子惧，虽无爵禄之赏，斧钺之诛，却能"行天子之事"。普通帝王为当下之君、当下之王，素王则为"文王"，为万世之王。孔子无当下之位，却有千秋之位。孔子是万世师表，千秋文王！荀子说："圣也者，尽伦者也；王也者，尽制者也。"孔子代天立言，布天恩，施天德，承天命以行教化，是"尽伦"；制礼乐，作《春秋》，垂法万世，是"尽制"。孔子既为至圣，亦为文王，集圣与王为一体，故称"圣王"。

两千多年来，历朝历代无不崇儒尊孔。儒教被定为国教，而孔子则被奉为至圣神明，被尊为"文圣尼父""先圣先师""至圣先师""万世师表""大成至圣文宣王"。据《阙里志》载：

灵帝建宁二年，诏祀孔子，依社稷。[①]

"依社稷"就是依照社稷神的祭祀等级和规格来祭祀孔子。社稷神是儒家大神，位格仅次于昊天上帝，是昊天上帝的配享神。依社稷之礼祀孔子，就说明在儒家祀典中，孔子被奉上神坛，是儒家大神，位格仅次于昊天上帝，与社稷同格。自东汉以后，孔子就永享国家祀典，从未间断。

---
① 李申：《儒学与儒教》，四川大学出版社2005年版，第114页。

三、祖先神灵

祖先神灵为儒家大神，位格仅次于昊天上帝，与社稷和圣王同格，是昊天上帝的配享神灵。《礼记》曰：

人本乎祖，此所以配上帝也。（《礼记·郊特牲》）

由此可见，儒家对于祖先神灵的重视。依儒家经义，祖先包括民族祖先与家族祖先双重含义。民族祖先是指中华民族的开族先王，即以黄帝为代表，包括青帝伏羲、炎帝神农及尧、舜、禹、汤、文、武、周公在内的民族始祖及民族先王。家族祖先，则是百家姓氏的列祖列宗。荀子曰：

先祖者，类之本也……无先祖，恶出？（《荀子·礼论》）

生身之恩是大恩，生身之德为大德。正因为人本乎祖，所以依儒家经义，人人都应该尊祖、敬祖、崇祖。

儒家有"精气为物，游魂为变"之说。依儒家经义，人的肉体生命死亡后，灵肉分离，魂气归于天，形魄归于地。肉身虽亡，而灵魂永存。祖先的灵魂在肉体生命结束后并未消失，其魂气返本归于太虚。

圣人曰：

祭如在，祭神如神在。（《论语·八佾》）
敬鬼神而远之，可谓知矣。（《论语·雍也》）

"如"字，高妙之极，必须细心体会，方能得其意蕴。"如在"，就是说，神永远存在于人们心中，人们将永远保持着对神的敬畏与信仰。敬畏神灵，信仰神灵，又与之保持一定距离，这才是智慧。

不信则不敬，信而迷则惑。能敬能远，方为正信。唯有正信，才堪称智慧。敬而不能远，则为迷信、邪信。迷信与邪信都是愚昧的行为。故儒家之于鬼神，敬而远之，提倡正信，而反对迷信与邪信。

神灵，可以通过告拜、祈祷、献祭等儒家礼仪与之感应和交通。只要尊祖敬宗，虔诚地信仰神灵，做到"事死如事生"，按照儒家的礼仪事神祭神，列祖列宗在天之灵就会与我们同在，就能以他们超自然的力量保佑我们平安幸福，得遂所愿。

鬼神之为德，其盛矣夫！视之而弗见，听之而弗闻，体物而不可遗。使天下之人，齐明盛服，以承祭祀。洋洋乎！如在其上，如在其左右。(《中庸》)

祖先神是人格化的神秘灵体，具有超自然的巨大力量和盛德，祖先在中国人的心中永远是神圣的。数千年来，从帝王将相到士农工商，无不尊祖敬祖，拜祖祭祖。帝王有宗庙明堂，百姓有宗族祠堂，家庭有祖先牌位。祖先崇拜自上而下，化民成俗，构成了儒家文明独有的特质和魅力。即便是在近代以来儒门淡泊的境况下，祖先崇拜仍然是中国民间普遍的大众信仰。传统中国，宗族祠堂遍布天下，家家立牌位，户户承祭祀，人人拜祖先。在儒家看来，立身成名，光宗耀祖，乃行孝之本；富贵发达，事业有成，是祖先保佑，祖德玉成。

依儒家经义，事天地，尊祖先，隆君师，三者不可偏废。荀子曰：

礼有三本：天地者，生之本也；先祖者，类之本也；君师者，治之本也……故礼上事天，下事地，尊先祖而隆君师。(《荀子·礼论》)

昊天上帝为儒家至上神，是百神之主，而圣王与祖先神为配天大神。传统儒家中国，家家户户立"天地君亲师"牌位，以承祭祀，沿袭千百年，至今圣火不断。由此可见，儒家神灵系统之完备及神灵信仰之虔诚与普及。

在中华文明的语境中,"宗"就是祖宗、宗族、宗庙、宗法之"宗"。宗族即血缘群体,宗庙即祖庙,宗法即宗庙制度与宗族群体组织法。"宗"是血缘群体的专称,儒家社会是以血缘为纽带的宗法社会。

核心价值与立法原则

一、"天行有常"的核心价值

荀子曰:"天行有常,不为尧存,不为桀亡。应之以治则吉,应之以乱则凶。"其意是说,天道是恒常不变的,不会因为圣王治世而存在,也不会因为昏君乱世而消失,天道不随人间世事的变化而变化,不因治乱更替而生灭。如果我们有美好的社会政治制度来落实和体现这种"天道",那么我们的国家、社会和百姓将获得安宁、吉祥与幸福;反之,如果天道不能够在社会政治层面落实和体现,则国家、社会及天下百姓就会遭受灾难。

核心价值是一个文明体最为本质的构成要素,是一个国家和民族的灵魂。它是国家意识形态、社会规范及政法制度的源泉。核心价值决定着一个文明体的基本属性,决定着一个民族的精神气质,规定着一个国家和社会的基本性格和制度特征。一个社会的理念、规范和制度都从核心价值中产生出来。

西方现代文明的自由、平等、人权、民主、扩张、个人主义、利己主义、消费主义、契约原则、丛林规则等基本理念,以及市场规则和政治、法律制度,都是由"利益诉求"这一核心价值产生而来的。这一切都构成了西方现代文明的基本性格和本质特征。西方现代文明为人类发展所做出的贡献及其给人类所带来的灾难都导源于"利益诉求"这一核心价值。西方现代文明的功过是非都缘于此。

西方现代文明视国家与社会为一个"利益体",并按照"利益法则"来建构国家和社会,所以,西方社会只是一个"底线社会",没有"向上一机"(蒋庆先生语)。其国家有"惩恶"的功能,其社会无"扬善"的机制。人的光明德性,善的本性在这样的国家和社会得不到激励和彰显。其社会公共生活由于缺乏神圣性和崇高性而显得平庸化和世俗化。其民族国家内部以"不侵犯他人自由和权利"的底线伦理为最高规范,并设计了相应的政治法律制度作为保障,因而其民族国家内部尚能建立一个稳定规范的"底线社会"。但在国际事务中,其民族利己主义的诉求却没有相应的规范和制度制约,因此给人类社会带来了连"底线"也无从保障的灾难。掠夺别国资源,破坏别国环境,轰炸异族百姓,干预他国内政,设置经济陷阱,制造金融危机,席卷他国财富,颠覆他国政府,收买知识分子,实施经济制裁等,其国家形象俨然一个活脱脱的流氓无赖。西方现代文明的问题就导源于"利益"二字,导源于其核心价值。这种以利益诉求为最高目标的核心价值是不可能发用出一套美好的社会规范和理想的政治法律制度的,也不可能建构出一个良性的现代民族国家。

与此相反,儒家所提供的核心价值则是荀子所谓"不为尧存,不为桀亡"的,恒常不变、万世不灭的"天道"。这个"天道"就是儒家传统的根本精神。儒家的核心价值可根据儒家经典概括为十六个字:依仁据德、尚中贵和、保民爱物、克己奉公。这十六个字就是儒家所奉行的"天道",是儒家所提供的核心价值。对于一个良性的社会和美好的国家而言,这是永恒不变的常理、常道,这十六个字体现了儒家经世治国的核心诉求,同时也涵融了西方现代文明的正面价值。

(一)依仁据德

孔子曰:"志于道,据于德,依于仁,游于艺。"依仁据德是儒家最核心的价值诉求。

"仁"是儒家诸德目中最重要的一条。儒家之"天道"就是"仁"道,圣人的最高理想就是实现"天下归仁"。孔子说:"仁者,爱人";"泛爱众而亲仁。""仁"即是与天地万物融为一体的最高道德。"仁"在儒家诸德目中具有统率作用,孝、悌、礼、义、恕、恭、宽、信、敏、惠等,都是"仁"德的体现。仁,发之天地万物则为良知,发之于民则为"恻隐之心""不忍人之心"。仁为天地间之"大爱""大情"。这种"大爱""大情"发之于政则为仁政,为德政,为"不忍人之政",以民为本之政。

道德关怀是儒家最本质的关怀。儒家的理想人格是道德人格,儒家的理想社会是道德的社会,儒家的理想政治是道德政治。孔子倡导"为政以德",认为"道之以德,齐之以礼"方能"有耻且格"。治理国家要"德主刑辅",即以道德教化为主,以刑律法治为辅。《尚书》曰:"皇天无亲,惟德是辅。"说的就是这个意思。

"德"与"道"是一脉相承的,有其"道"方有其"德",故"德"为"道德"。儒家之"道"为"仁"道,其德为"明德"。"大学之道,在明明德,在亲民,在止于至善"。只有光明的德性得以呈现,做到"亲亲而仁民",这样的人才是至善之人,这样的社会才是至善的社会,这样的国家才是美好的国家。

由此可知,"依仁据德"是为立身之本,立国之本。以仁为本,以德治世的理念是儒家的核心价值。

(二)尚中贵和

"尚中贵和"是儒家传统的又一核心理念。尚中贵和就是崇尚中庸之道、中和之道。不偏为中,庸即是和。《中庸》曰:"中也者,天下之大本也;和也者,天下之达道也。致中和,天地位焉,万物育焉。"尚中贵和,就能"达天理",天地万物就能各得其位,生长发育,生生不已。中和之道是天下之大道,故孔子曰:"中庸之为德也,其至矣乎。"尚中即崇尚"中道""正道",不偏执。孔子说:"过犹不及。"他认为"过"与"不及"都不符合中道。故此,经国治世应"执其两端，用其中于民"。

"贵和"即以和为贵，"和"即是和谐。朱子曰："天命之情，浑然而已。以其体而言之，则曰中；以其用而言之，则曰和。"和即天下之达道。

西方现代文明的利益至上主义、极端个人主义、物欲主义、泛市场主义、唯科学主义、人类中心主义、西方中心主义等都反映出其偏执和对抗性特征。西方现代文明的根本理念和价值诉求是不符合"中道"的，是偏执的，是反和谐。物欲主义和市场规则的泛化把人异化为经济动物；极端个人主义则把人还原为没有社会属性的抽象个体；唯科学主义规定了科学认知范式的唯一正当性，扼杀了人类作为万物之灵的潜能；人类中心主义把人类与世界二元对立，为人类攻伐自然、掠夺自然提供了合理性，把人与自然纳入对抗模式当中；西方中心主义则把人类各文明形态，把各种族、各民族国家纳入对抗模式当中。这些都充分说明，西方现代文明有着偏执和反和谐的基因。西方现代文明是背离中道正道与和谐之道的文明，是不能够"致中和"的文明，是不能让天地万物各得其位生生不已的文明，因此它为人类提供的文明范型是不完美的、有问题的。

要克服西方现代文明偏执与不和谐的弊端，就必须弘扬儒家"尚中贵和"的理念，如是，才能够建立一个超越西方的更为良性的现代社会。

（三）保民爱物

"民惟邦本，本固邦宁。"这是儒家的又一根本理念。孟子曰："民为贵，社稷次之，君为轻。"他强调："亲亲而仁民"，主张"施仁政于民"，并认为"以不忍人之心，行不忍人之政，治天下可运之掌上"。这就是儒家"以民为本"的"保民"思想。

"爱物"则是指人与自然要和谐相处，对天地万物要有"爱"，即阳明先生所谓"天地万物一体之仁"。在儒家看来，人应该尊重自然，爱护自然。山川河海，走兽飞禽，都与人一样是上天所化生。

因而儒家不仅重视"人权",同时也重视"天地之权""万物之权"。大地滋养着人类,人类应该感恩于大地。故此,儒家认为天乾地坤,乾称父,坤称母,天地自然是具有神圣性的。在儒家祭礼中就有祭天地、祭山川社稷的传统。

张子曰:"民吾同胞,物吾与也。"即天下生民都是我的同胞兄弟,天地万物都是我的同伴。这种"民胞物与""厚德载物"的精神就是儒家天地万物一体的博大精神。保民爱物,是儒家坚定不移的核心价值理念。一个美好的制度必须是以民为本的制度,一个美好的社会必须是与自然和谐共处的社会。

西方现代社会是建立在私有制基础上的社会,其制度架构是以满足资本的意志为诉求的,其精神是以征服自然、掠夺自然为能事的攻伐精神。这种资本中心主义和人类中心主义与儒家"民胞物与""厚德载物"的精神相比较,其缺憾显而易见。现代化所导致的生态危机、环境破坏、资源枯竭、贫富悬殊等问题日益凸显,这就是违背"天秩""天序"的结果。以儒家"保民爱物"理念为价值基础建构的社会显然是更为良性的社会。

(四)克己奉公

克己就是克制自己的欲望,克制自己的私欲。一个人应该懂得克己,一个社会也要懂得克己。不能让贪欲之心主宰我们自己,主宰我们的社会,主宰全人类。一个人、一个社会为什么要"克己"呢?在儒家看来,私欲是"道之大贼"。孟子说:"养心莫善于寡欲。"人若被私欲障蔽就不能见道。陆九渊说:"夫所以害吾心者何也?欲也。欲之多,则心之存者必寡;欲之寡,则心之存者必多。"故此,儒家倡导明"理欲之辨",要克制私欲,"防其欲,戒其侈。"(二程语)"此心无私欲之蔽,即是天理。"(阳明先生语)

无欲则纲,无私则公,克己方能奉公。《礼记·孔子闲居》曰:"天无私覆,地无私载,日月无私照。""圣人之道,至公而已矣。"(周敦颐语)"奉公"是天地日月之德,圣人之德。

二程曰："仁之道，要之，只消道一公字，公只是仁之理，不可将公便唤作仁。""一心可以丧邦，一心可以兴邦，只在公私之间耳！"由此可见，儒家倡导"节欲""寡欲"、克己奉公，并将此视为修身求道之途径，视为兴邦治世之途径。

西方现代文明是以崇尚私欲、崇尚私利为价值基础的。西方现代社会是一个"天下为私"的社会，而不是一个"天下为公"的社会，是一个物欲横流的社会，因而不是一个良性的社会。

我们要建立一个超越西方的良性的现代社会，就必须克制私欲、节制私欲，放弃利益至上主义和人类中心主义思想，克己奉公。唯有如此，人类社会才能趋于和谐，获得可持续发展。

二、"尽伦尽制"的立法原则

荀子曰："圣也者，尽伦者也；王也者，尽制者也；两尽者，足以为天下之极矣。"圣者尽伦，王者尽制。尽伦，就是要让每一个个体生命都实现至善的道德人格；尽制，就是要建立符合道德理想的社会政治制度。尽伦尽制，则圣王合一，则能将个体生命与社会制度都达至完美。

能实现尽伦尽制的人是内圣外王之人，是为"人极"；能实现尽伦尽制之"法"则是"亦圣亦王"之法，是为"法极"。"人极"就是至善之人，最完美之人；"法极"就是至善之"法"，即最完美的社会制度。

宪法是一个国家的根本大法，是万法之源。一个美好的国家和良性的现代社会，必然有一部至善至美的宪法。"宪法"一词，中国古已有之。《尚书》："监于先王成宪，其永无愆。"《国语》："赏善罚奸，国之宪法。"但是，作为一种现代政治理念和制度架构，它是一个西方政治哲学概念和法学概念。在西方政治哲学和法学的语境里，宪法是一部关于政府组织方式和权力配置的根本大法，它规定着一个国家的职能及其基本制度。

宪法，是一个民族国家核心价值的体现，是其国家意识形态理念的具体落实和制度性安排。有什么样的价值诉求和意识形态理念，就有什么样的宪法。西方现代民族国家以"利益诉求"为核心价值，以"自由、平等、人权、民主"为意识形态理念，其宪法就通过对权力的制衡，对政治行为的技术性控制来达到维护利益保障人权的目的。因而，西方现代民族国家宪法的功能可归结为"制衡权力、组织政府、保障利益"。杰弗逊有句名言："不要说信赖谁，还是让宪法来约束他吧！"这是对西方宪法的最好注解。

由此不难看出，西方现代民族国家的宪法是关于权力配置和利益保障的大法，这只是"底线"法，没有"向上一机"。这样的宪法不担当道德价值，不具有崇高理想和美好社会的诉求功能。它只诉求社会"不坏"，不诉求社会"更好"，只"惩恶"不"扬善"。由于不能"尽伦"，因而也无法"尽制"。所以，这样的宪法不是美好的完善的宪法。至善至美的宪法应该是"尽伦尽制"的宪法。

西方宪法的不完善性是其"利益诉求"的核心价值及其"自由、平等、民主、人权"的宪法原则导致的。要制定超越西方的宪法，就必须确立超越西方的核心价值和宪法原则。儒家"依仁据德、尚中贵和、保民爱物、克己奉公"的核心价值毫无疑问高于西方资本主义国家"利益诉求"的核心价值。因而，其发用出来的宪法原则也定然超越西方"自由、平等、民主、人权"的宪法原则。根据儒家十六字核心价值，可概括为如下三十二字的立法原则：德主法辅，治教一体；天人并重，贤庶共进；一统多元，万世一系；共同富裕，义利合一。

（一）德主法辅，治教一体

在社会政治生活中，儒家始终强调道德对于法律的价值优先性。孔子说："道之以政，齐之以刑，民免而无耻；道之以德，齐之以礼，有耻且格。"法律的制约虽可免于犯罪为恶，但不能让人产生道德自觉，而德治礼教却能让民众产生不逾越社会规范的道德自觉。

张载说:"循天下之理之谓道,得天下之理之谓德。"故圣人"志于道","据于德"。在社会政治生活中,道德是具有价值优性的,法律只能作为辅助的手段。所以,孟子说:"辅世长民莫如德。"

儒家的理想政治是王道政治,是圣人政治,贤人政治,君子政治。一言以譬之,即道德政治。所以儒家十分强调从政者个人的道德修为,力主"修己以安人""修己以安百姓",唯有做好"修身",方能治国平天下。

儒家仁政、德治的理念及王道政治资源,同样适用于现代社会的宪政制度。它可以在君主制下落实为"礼乐刑政"的制度安排,同样也可以在现代政治生活中落实为"德治宪政"的制度架构。"德治"理念既可以在传统的"人治"社会中通过对统治者的教化和改变来达到对人类政治生活的净化,同时也可以在"法治"社会中通过神圣超越价值的落实来实现对现代平庸化政治生活的提升。把儒家"德治"理念与"宪政"理念相结合,就可以创造出超越西方"宪政民主"的更为崇高和美好的制度——"德治宪政"制度。让"道德"重返现代政治生活,为现代政治生活重新确立超越神圣的价值基础与形上根基,与宪政理念相结合并落实为制度架构。如是,即能改变西方宪政民主制度因"除魅"而导致的崇高性缺失和平庸化、"底线化"状况。

"德治"与"宪政",二者不可偏废,"德治"是"宪政"的价值基础和立法依据,"宪政"则是"德治"在现代政治生活中的制度安排。就终极层面而言,儒家的理想社会是"无讼无刑""以德去刑"的社会,就现实层面而言,儒家的理想社会是"德主法辅""明刑弼教"的社会。

在"德治宪政"中,国家的职能不仅是"管理"和"守夜",国家将同时拥有"治权"和"教权",即治理权与教化权,国家的职能是"管理"与"教化"。孟子曰:"善政,不如善教之得民也。善政,民畏之;善教,民爱之。善政,得民财;善教,得民心。"董仲舒也说:"教化不立,而万民不正也。""圣人之道,不能独以威势成政,必有教化",主张"任德教而不任刑",应筑"教化堤防"以止奸邪。治教一体,不可偏废,这是儒家德治理念和王道政治的根本特征。德主法辅,治教一体,这是儒家的第一立法原则。

(二)天人并重,贤庶共进

西方宗教改革以后,政教分离,"上帝"退出了社会政治生活,西方宪政民主的制度架构因而也失去了神圣超越的价值基础。国家变成了"守夜人",不承担道德职能;社会演变成纯"利益体";人际关系成为冷冰冰的契约关系和法律关系;社会制度蜕化为关于利益的一系列行之有效的技术性安排,不具有"化民向善"的社会功能。在这样的制度中,在这样的社会里,人变成了纯粹的"经济动物"和"权利存在",人的生命被异化,无法趋于完善。

故此,要建立一个超越西方的更为良性的现代社会,就必须避免西方立宪原则的极端世俗化倾向,要确立一种具有超越神圣价值的更为崇高的立宪原则。唯有"返魅"方能避免极端世俗化倾向。这里的"返魅"并非指重新回到蒙昧状态,更不是"反理性""反科学",而是为人类社会生活重新确立神圣性、崇高性的价值基础,为政治秩序确立一个形上根基,并在这一基础上创建人类现代社会的新制度。

一部具有神圣性、崇高性诉求的宪法,是一个良性现代社会的保障。"天人并重,贤庶共进"的立宪原则正是这样一部宪法得以诞生的前提。

在儒家看来,"天"为万物之祖,是宇宙万物化生之源。上天以仁道覆育万物,化生万物,滋养万物,主宰万物。"人"则是万物之灵,万类之尊。故上天保民佑民,"上天孚佑下民","民之所欲,天必从之"(《尚书》)。"天人并重"的原则即是要同时重视"天意"与"民意"。天意即上天的意志,民意即大众的愿望。天人是可以感通的,天意即民意,天意往往是通过民意表现出来的。故此,政治制度的安排,政治权力的行使都必须以民为本,以人为本,否则就是逆天而行。儒家认为,忤逆天意,必遭天谴。上天具有赏善罚恶的功能,"作善降之百祥,作不善降之百殃"(《尚书》)。只有崇德保民,顺乎天意,天人并重,这样的社会才是"与天同德"的社会,这样的制度才是符合"天秩""天序"的制度。"天人并重",不光是一种政治理念,还必须落实为一种制度。要建立一种"敬天命而保万民"的制度,就必须制定一部"顺天佑民"的宪法。

就"人"而言,则有贤庶之别。何谓"贤"?张载说:"克己行法为贤,乐己可法为圣。圣与贤,迹相近,而心之所至有差焉。""贤"与"圣"的生命轨迹和生命状态是相近的、趋同的,只是程度有差别,境界有高低。圣者"尽伦",能够"穷神知化",达至"至善"境界,是儒家的终极理想人格;而贤者则是"德才兼备"的现实人格。

庶指大众,指普通百姓。无论在道德上、人格上,还是在智慧与才能上,贤与庶都是有差别的。一个理性的社会和良性的社会,应该承认这种差别,并让贤庶各得其位。一个美好的制度,应该是辅佑庶民的制度,同时也应该是让贤者充分施展其"德才"的制度。因此,儒家的制度设计和建构,必然秉持"贤庶共进"的原则,一方面"保民佑民""从民之所欲",让民意得以保障;同时,也要给贤者留出空间,以便其"德才"得以充分施展。西方宪政民主制抹杀了贤庶之别,在参与社会政治生活的过程中"贤庶均权",这种极端"平等主义"扼杀了贤者的创造潜力。贤者对社会政治生活的参与方式和渠道应该与庶民有所区别,这种区别必须通过制度的形式予以确立。强调贤庶差别并非是对庶民的歧视,更不是剥夺庶民的权利,而是让贤庶各得其位。"贤庶有别"的政治参与方式更能够保障庶民的根本利益,更能够在客观效果上体现出"民意"。

"天人并重,贤庶共进",这是儒家的又一立法原则。

(三)一统多元,万世一系

"一统多元",是儒家公羊学的政治智慧。"一统"指的是政治秩序的合法性基础。政治秩序并不只是一个简单的"权力安排"或"权力行使"问题，除了权力秩序、行政秩序外，政治秩序还包括法律秩序、道德秩序、经济秩序、礼法秩序以及各种习俗、惯例和乡规民约。

"一统"，就本来含义而言，"一"就是"元"，"统"即是"始"。"元始"指的是政治秩序的"形上根基，形上本体"（蒋庆先生语）。其次，"统"也指统绪和传统，也称"文统"，意指千百年来形成的历史文化传统。就中国而言，即指以孔子为代表的儒家文化传统。

没有"一统"，政治秩序就缺乏恒常的根基，就没有形上的合法性基础和历史文化的合法性基础。中华文明有着数千年的历史，千百年来，中国的政治秩序就是建立在儒家"天道"和"文统"基础上的。儒家文化的"天道"为中国古代的君主制提供了形上的依据，数千年一脉相承的儒家"文统"则为古代政治秩序提供了历史文化的合法性。

儒家不是"百家言"，不是"诸子"，而是中华民族政治秩序的"一统"。两千多年来，儒家的"一统"地位始终没有被撼动过。诸子百家也好，外来的佛家也好，基督教也好，始终没有取代儒家成为中国政治秩序的"一统"。无论现实政治如何治乱循环，也无论占绝对政治权威的君主的个人好恶怎样，都不能改变儒家文化的"一统"地位。儒家始终是王官学，是国家意识形态，是民族信仰体系，是中国社会政治的主导性结构力量。

"一统"是一个民族千百年来形成的恒常不变的传统，是其无数往圣先贤集体智慧的创造，是一个民族千百年来的"集体性选择"。

孟子说"定于一"，荀子讲"一天下"，都是指的要确立国家的"一统"，即确立社会政治秩序的形上根基和历史文化的合法性基础，也即确立王官学，确立恒常的国家意识形态。

儒家文化的"一统"地位是不能撼动的，但也不是说别的思想体系就没有存在的空间。"一统"而"多元"，"一统"是"多元"中的"一统"，"多元"是"一统"之下的"多元"，"一统"可与"多元"并存，但"多元"不能僭越"一统"。董仲舒讲"勿使并进"，就是这个道理。

（四）共同富裕，义利合一

儒家的理想是建立一个良性的现代国家。这样的国家有着明确的国家伦理目的：以人为本，完善生命；以民为本，共同富裕。在儒家看来，社会不仅是一个"利益体"，也是一个"道德体"。国家的职能不仅是"管理"和"守夜"，还应该"保民佑民""化民趋善"。社会有道德理想，国家有道德担当。

儒家的经世治国之道，以"富民"为本。"藏富于民""共同富裕"，这是儒家坚定不移的伦理目的。孔子说："既庶矣，则富之"。孟子言"置民之产"，认为"有恒产者有恒心，无恒产者无恒心"。求富之心是人之常情，孔子曰："富与贵，是人之所欲也。"荀子也说："不富，无以养民情。"可见，"民产"为"民心"之基础，"富民"是"贵民"的前提。儒家主张励民致富，孔子认为："邦有道，贫且贱焉，耻也。"（《论语·泰伯》）孔子还进而认为："富而可求，虽执鞭之士，吾亦为之。"（《论语·述而》）在儒家看来，对财富的追求是符合人性的，是应该受到鼓励的，而让天下百姓过上富足的生活则是国家的伦理目的，是国家应该具备的道德担当。

儒家的理想，就终极层面而言，是实现《礼记·礼运》所记载的"大同盛世"，就现实层面而言，则是在各得其分的分配原则下，缓解贫富悬殊，缩小贫富差距，达至共同富裕的目标，实现社会的和谐发展。

在社会发展观上，儒家倡导"中道"的、和谐的、可持续的发展，不主张掠夺式的发展。不单纯以生产能力的大小和攫取物质财富的多寡为标准来评判社会的良性程度，而是既注重物质财富的创造，又注重人与自然的和谐相处。

贫富悬殊是社会之乱源，不利于和谐社会的建构。因此，儒家倡导缩小贫富差距，缓解贫富矛盾，追求共同富裕。在发展过程中，严明"义利之辨"，做到"义利合一"。"利"是一柄"双刃剑"，既是"民生"国策的关键所在，又是腐蚀人性、败坏社会的渊源所在。故此，儒家倡导"以义制利"。

"义"是儒家思想的重要德目，是一种精神理念、一种社会行为规范和取舍标准，也是上达"天道"、下贯人事的"途径"。《中庸》曰："义者，宜也。"朱子认为义是"天理之所宜"。宜，即"应该"的意思，它强调的是人的行为的正当性与合理性。孔子认为，"行义"方能"达其道"。一个社会必须警惕"利"的腐蚀性，不能以"利"害"义"，以"利"害"道"。一个良性社会的制度设计必须要在明辨义利的基础上，把"以义制利"的义法落实为制度安排，让理念之善变为制度之善。唯有良好的制度保障，才能让儒家"义利之辨"的智慧突破个体生命道德自觉的领域而化为外在规范力量。

西方现代政治制度架构是以"利益诉求"为核心价值体现出来的，是服务于"利益诉求"这一价值目标的，因而导致了一系列的问题，如环境恶化、资源枯竭、种族对立、战争威胁、贫富悬殊等。这些问题的产生，就是因为西方现代文明缺乏"以义制利"的理念和智慧，其制度中缺乏对"物欲"的制约机制。因此，西方现代政治制度存在很大的缺陷。这是我们在借鉴西方制度资源的过程中必须警惕的。

明辨义利，建构"义利合一"的社会政治制度，这是克服西方现代文明弊端的关键所在，也是建构良性现代社会的关键所在。

"共同富裕，义利合一"，是儒家又一重要的立法原则。

三、法西方之"法"，不法西方"之所以为法"

西方现代文明有六大核心构件：新教伦理、自由主义、资本和技术、市场机制、军事暴力、宪政民主。这六大构件分别从核心价值、意识形态、现实力量、游戏规则、政治制度几方面共同建构了西方现代文明的主体框架。

西方现代文明是典型的重商重利、崇尚暴力的文明，是一个以利益诉求为最高目标的文明。为了满足人们及整个社会对利益的博弈，它设计出了一整套行之有效的管理模型、博弈规则和妥协方案。它是一个由核心价值、意识形态、游戏规则、制度安排诸文明要素共生共融、互为支持的"有机循环体"。所以，在对西方现代文明进行师法的过程中，如果缺乏整体性的思考和安排，将很难对之进行"要素割裂"。

一个文明形态的产生有其内在的逻辑，一个成熟的文明形态是一个由核心价值、意识形态、现实力量、游戏规则及制度架构等诸多文明要素共同建构的"有机循环体"。成功的社会改良，必须要建构出自己的"文明有机循环体"，要贯通古今中西，把各种文明要素拆散，在有所损益、有所选择的基础上进行创造性地"组装"。从核心价值的确立到意识形态的建构，从生产方式的选择到管理模式的成型，从社会规范的建立到制度架构的定位，把这一系列文明要素创造性地组装成高效率的良性运转的机器。唯有如此，我们才能够重新创造出一个各文明要素相互融合、相互支持的新的文明体系。只有这样，我们才能从根本上完成"为万世开太平"的社会改制的宏大壮举。

这就是英国保守主义大师柏克所谓"加减乘除"的智慧，这就是孔子"综合三代""改制立法"的智慧。这不是一个简单"拿来"的问题，也不是"全盘西化"抑或"复古更化"就能解决的问题。这需要一种涵融万物、吞吐宇宙的气象，需要贯通古今中西的智慧，需要"为天地立心，为生民立命"的崇高情怀。西方现代文明的"有机循环体"是一个以利益为中心的循环体，其循环体的每一个文明要素都从属于"利益"、服务于"利益"。

新教伦理认为，人们经商博利是受命于上帝，是上帝赋予人类的使命，博利是通向天国的道路。新教伦理为人们的利益诉求和博弈提供了神圣的合法性解释与支持，因而成为西方现代文明的核心价值源头。自由主义则形成了横跨哲学、社会学、伦理学、经济学、政治哲学和政治学诸学科的完备的思想理论体系，从而完成了对西方意识形态的理论建构。其庞大的学理体系，只为证明一个道理：人对利益的追求和占有是绝对合理的，是应该受到鼓励和保护的。在自由主义看来，人是一个纯粹的经济动物和契约主体，国家只是一个"守夜人"，社会是一个纯粹的"利益体"。自由主义剥除了神圣超越价值、伦理目的、道德理想、历史文化属性等文明要素在国家与社会建构过程中的作用。在自由主义的逻辑中，人是抽象的单子式的个体，而在资本和市场的逻辑中，人则是一个纯粹的经济动物，人从一个有血、有肉、有灵魂、有精神、有情感的生灵异化成了一个挣钱机器和消费主体。资本的权力意志和市场规则的泛化把人类社会引向了物欲主义的深渊和恒久对抗的状态。因此，社会达尔文主义的"丛林规则"才是西方现代文明最本质的潜规则。宪政民主只是其为了维持国内秩序的稳定而创造的关于权力和利益的妥协性制度安排。

西方现代文明，给人类社会带来了经济的发展、物质的丰富、技术的进步，但同时也给人类带来了巨大的灾难。随着西方现代文明全球化进程的推进，这种灾难将越来越剧烈，越来越深重，最终将把人类社会推向毁灭。西方"资本权力"的列车在其民族国家内部是可控制的，他们设计了列车的"制动系统"。而在对外的全球化扩张过程中，这部列车是没有"制动系统"的。其制度安排只能存在于民族国家的框架内，世界性的制度安排永远在西方所有思想家的视野之外。在西方民族国家的眼中，异族他国只是一个掠夺占有的对象，只适用于"丛林规则"而不适用于"宪政民主"。对内讲"自由""平等""人权""民主"，对外则实行侵略扩张，这是西方现代民族国家的本质。这一国家本质与基督教关于教内世界倡导博爱，对异教世界则主张征服的理念完全一致。遥远的殖民扩张和掠夺自不待言，即使是今天，西方仍然一边唱着"自由""民主""和平""进步"的高调，一边对非西方世界干着掠夺资源、破坏环境、颠覆政府、处决元首、轰炸百姓的勾当，始终改变不了其强盗的本性。

西方现代文明的弊端和问题，追根溯源，是其核心价值的问题。

西方现代文明是在本源处出了问题，把"利益诉求"当作了人类社会的最高价值标准，把"利益"当成了人类社会构成的核心文明要素。

因此，我们在学习西方的过程中绝不能走上这条以"利益诉求"为核心价值目标的道路。因为，从终极层面看，这是一条通向灾难之路、通向地狱之路。

我们的社会改良，需要建立自己的"文明有机循环体"，其中最重要的文明要素是核心价值，绝不能以"利益"作为社会改良的核心价值。核心价值是立国之本，核心价值的确立将决定我们的伦理目的、社会理想、国家职能和制度导向。社会改良是一个创造的过程，也是一个资源的重组过程。西方现代文明有值得我们借鉴之处，我们可以法西方之"法"，但绝不能法西方"之所以为法"，否则我们就必将走上一条"利益本位"的自我毁灭之路。

企业家的生命价值和存在意义

儒家文化和企业管理是一个很大的话题，首先，儒家文化五千年的辉煌历史，从哪里讲起呢？而企业管理也是一个很大的话题，所以我今天就把文化和企业管理聚焦为一个命题，这个命题就是我今天要和大家一起分享的——企业家的生命价值和存在意义。作为一个企业家，你的生命价值和存在意义究竟在哪里？

每一个人在这个世界上，都有自己独特的、不同于他人的生命价值和存在意义。由于职业的不同、环境的不同、后天所受的教育的不同，还有先天禀赋的不同，导致了每一个人在这个世界上生命存在的方式、意义和价值都不一样。举个例子来说，有的人从政，有的人经商，有的人做学问，有的人从事媒体工作，有的人教书……不同的职业会导致人在这个社会上不同的身份定位。由于定位不同，每个人在社会上的存在方式和生命价值，甚至自我实现的途径，都是不一样的。

今天我们要讲的是，作为现代商业社会精英的企业家，其生命价值和意义究竟在哪里？

在座的企业家，不知道大家以前追问过这个问题没有？这个问题，在文化上被称为终极追问：我存在的意义是什么？我生命的价值究竟在哪里？今天我们就从儒家文化的根本义理，来就企业家存在的价值和生命意义做一个终极的追问和解答。

中国有一句俗话，叫"成家立业"。但是在现代汉语的语境中，很多人对"成家立业"这个概念产生了很大的误解。人们现在通常讲成家立业的时候，都是说娶个媳妇，成立个家庭，然后干自己的一份事业，比如说找一个工作，或者创办一个企业，以为这就是成家立业了。这样的理解，是现在通常的理解。但是从儒家经典的义理来讲，"成家立业"不是这个意思。

首先，我们讲一讲"成家"。什么叫"家"？《大学》讲："欲治其国者，先齐其家；欲齐其家者，先修其身。"修齐治平，修身齐家治国平天下，这是一个儒者生命存在的价值和意义。儒家对于君子，对于士，要求是很高的。兼济天下，治国平天下，这是儒者终极的理想。

人们要用什么方式去实现治国平天下的理想呢？并不是每一个人都能入仕做官，行使政治权力。人在社会上由于有各种各样职业分疏和角色定位，天下的兴亡，每一个人都有他特殊的使命和责任。家，不是我们现在讲的三口之家、五口之家，这是指现代的家庭。建设好自己的家庭就能治国平天下，从逻辑上说得通吗？说不过去。所以，儒家讲的"家"，其实是最小的社会公共单元。用现在的话讲，叫生产单位，最小的社会生产单位。在先秦，家是指卿大夫的封地。秦汉实行中央集权以后，家的概念变了，指聚族而居的家族。中国传统社会是一个农耕社会，农业生产是社会的主要生产方式。人们是怎样组织农业生产的呢？是以家为单位。在古时候，农村都是以姓氏为纽带，聚族而居。什么李家村、张家寨等，都是这样来定位。那时候家族就是最小的生产单位。用今天的话讲，在农业生产当中，村就是家。那么现代商业社会就不一样了，现代商业社会都市化、市场化，在这样的状态中，企业是最小的生产单位，所以家其实就是企业。儒家讲齐家治国平天下，如果在现代社会来理解的话，齐家就是把企业做好。企业是现代工商业社会最基本的生产单位，今天也叫作"经济实体"。所以，对于企业管理，儒家是把它纳入齐家治国平天下伟大事业当中的一个部分来看待。这就是儒家对于现代企业管理的一个基本定位，那就是"齐家"。

那么，什么叫成家？我们通常所说的政治家、企业家、社会活动家、思想家、文学家、哲学家、艺术家……这些全都是家。所以讲"成家立业"的时候,就是讲在特殊的领域当中,在齐家的事业当中,你把你的"家"做到极致,然后成就你在这个领域里面的一种特殊人格,这就叫"成家"。比如说办企业,办成功一个企业,赚到了钱,不等于就是企业家了。要想成为企业家,一定要在这个领域创造出非凡的业绩并成就你特殊的人格风范,这也是我们今天要谈的企业家的生命价值与存在意义。

当你具备一个企业家所应该拥有的生命状态和生命人格时,你就算成"家"了,就能够叫作"企业家"了。一个市长,一个书记,能不能被称为政治家呢?不一定。首先只能说他是一名官员,不一定能成为政治家。在政治领域要想成家,一定要有自己的政治理想和自己的政治抱负,要为家国天下的伟大事业做出重大贡献,同时还要有一种为了百姓的利益而甘愿牺牲自我的伟大的人格风范。这样的人,才能称其为"政治家"。不是说当大官就能成为政治家的,和珅官够大了吧?他能叫政治家吗?不能。安倍晋三能叫政治家吗?不能。只能把他叫作"政客"。毛泽东,孙中山,这才是大政治家。讲到孙中山,我们就会想到"三民主义"。孙中山有自己的政治思想、政治理念,有自己特殊的政治活动和巨大成就,他缔造了中华民国。毛泽东也是一位大政治家,他的军事思想、哲学思想、政治理念、政治谋略都给我们留下了很深的印象。所以,他是一位政治家。

无论哪一个领域,政治也好,经济也好,学术也好,自然科学领域的创造也好,都是如此。很多人从事自然科学领域事业,有的人可以叫他"科学家",有的人只能叫他"科学工作者",这就是差别。每一个领域都有其特殊的对人格和功绩的要求。要成"家",一定要达到两个条件:一是在这个领域里面有巨大的创造性贡献,二是具备这个领域所要求的特殊人格风范。这二者,用儒家的说法,就是"功德"。

企业家,作为当今社会一个非常重要的关乎社会经济发展的特殊群体,社会对于企业家的人格有很高的要求。中国因为改革开放才三十年,中国市场经济的发展也只有短短的三十年,然而在这三十年间,涌现了很多商界的成功人士。中国的思想界、学术界还没有对企业家人格这一命题进行系统的学理思考，更谈不上自觉的社会实践。

中国老板很多，但是企业家却非常少。像欧美、日本等国家，由于他们的商业文明发展比较成熟，所以大企业家纷纷涌现。由于有了这些企业家伟大而崇高的人格风范，所以他们的企业很多就做得很大气。比如日本的松下、三菱、丰田，这些都是日本明治维新以后发展起来的著名企业，这些企业都是由著名的企业家缔造的。一个企业的格局和企业家自身的格局是相关联的。对于中国来讲，我们有五千年灿烂的文化，对企业家的塑造，我们有文化条件和土壤。但是这三十年来，大家都埋头发展经济，对于企业文化与商业精神的思考不足，甚至在一定程度上自觉或不自觉地忽略了这一问题。

在中国儒家文化看来，商业行为与创业行为有其自身的特殊价值和意义。关于这一点，儒家有个说法叫"创业垂统"。

这几个字很关键！创业，不用说了，我们开一个公司、办一个企业就是创业。"垂统"就是创建一个能够传承下去的实体以及与此相关的精神文化传统。"创业垂统"是商业行为最根本的核心价值和意义所在。

"创业垂统"，从中国传统历史文化的视角来解读，就是说我们现在创办一个企业相当于打一片江山。大家注意到一个现象没有，日本的企业叫株式会社。社，就是"社稷"的"社"，也就是说，日本的企业家把企业当作江山社稷。江山社稷，我们都知道。比如满族入主中原，打下一片江山。这个江山是不是一代一代地传承下去？顺治传康熙，康熙传雍正，雍正传乾隆……这样一直传下来，清朝十个皇帝，传了将近三百年。

我们创办一个企业，这片江山社稷，你是不是希望它祖祖辈辈、子子孙孙这样传承下去呢？也传它个一百年、两百年、三百年？如果你的企业创办后，能传个几百年，那就叫百年老店了。每一个企业家，都希望把自己的企业打造成百年老店。这就是"创业垂统"的意义所在。

刚才我听到企业家们在谈世界五百强的问题。五百强，是说企业的规模和实力。但如果十年、八年后，五百强倒闭了，那这五百强有什么意义呢？所以，按照儒家的说法，我宁愿让它生存五百年，而不一定要去争做五百强。

"创业垂统"的意思，就是让企业家的创业行为形成一个传统，一代一代地传下去。在这个实体的传递过程中，企业家的特殊价值得以实现，生命得到永恒。人的生命都是有限的，要让有限的生命放射出无限的光芒，实现永恒的价值。企业家生命的永恒以什么形式来实现呢？就是以这样一种实体传承，就是以"创业垂统"的方式，在传承的过程中实现它的永恒。

中国人为什么把对儿女的爱，把对父母的孝上升到近乎宗教信仰的高度？在清朝以前，中国的刑法中有十恶不赦之罪，就是有十种罪恶是不能够被赦免，其中就有"不孝"之罪。不孝，在中国古代不仅仅是一个道德问题，而且也是一个法律问题；不孝，不仅是无德，也是犯罪。

中国人为什么把孝看得很重，把子女看得很重，都望子成龙？每到放学的时候，中小学的校门口人山人海，都是接孩子的家长。中国的家长为什么对孩子有如此的拳拳之心呢？就是因为中国人把这种父子人伦关系，看作一种很神圣的关系。在中国人看来，生命的永恒价值就在血缘的传承过程中体现出来。我们的血缘从祖先到父母到子孙，传承了多少辈，大家清楚吗？不清楚。反正一句话，自从有人类以来，你的家族就一直在传承，从来没断过，大家说是不是这样？如果传到你这里就断了，你怎么去面对你的祖先？《孟子·离娄上》中说："不孝有三，无后为大。"为什么把无后，把血缘传承的终止称为最大的不孝？就是因为中国人把生命的永恒价值寄托在这样一种血缘的继承和传递上。这是中国儒家特有的宗法血缘的信仰形式。

血缘是这样，一个企业，一片江山，同样也是这样，要靠传递来实现其永恒价值。如果你辛辛苦苦创办了一个大企业、大集团，但等你一退休，这个企业、集团就搞不下去了，岂不是白累一生？在中国古时候有一句话叫："人存政举，人亡政息。"用今天的话讲，就是说只要你这个创业的老板在，企业就很兴旺；老板一不在，企业就垮掉，那你辛辛苦苦创业，你的价值体现在哪里？你的永恒生命在哪里？你创业的意义在哪里？

所以说，"创业垂统"就是企业家创业经商行为的意义所在，是企业家生命的永恒价值所在。

在商业上，日本把企业称作株式会社；在宗教上，把宗教场所称作神社。日本的文明史只有一千多年，关于"社"的崇拜，是从中国儒家文化借鉴过去的。到底什么是"社"？社，就是土神。对"社"的崇拜是中国儒家的特殊信仰形式，在中国已经有了五千年的历史。中国人说江山社稷，"社稷"中的"稷"是谷神，五谷杂粮之神。社稷神是儒家的配天大神，其位格仅次于昊天上帝。

在农耕社会，土地是最重要的生产资源，粮食是最重要的生产成果，土地和粮食都有神主管，社稷神就是主管土地和粮食的神灵。在儒家"天地君亲师"神灵谱系中，"地"就代表社稷神。古时候只有天子、诸侯才有资格祭祀社稷神。

在现代社会，封建没有了，诸侯没有了，但是"江山社稷"的意义还在。企业家就是有"家"者，他们是企业的拥有者。企业就是"家"，就是最基本的社会生产单元。齐家，就是企业管理。有家者，就要从事齐家治国平天下的事业。如果我们的企业家都把自己的企业搞得生龙活虎，国家的经济就会发达；如果企业都垮掉了，国计民生就会受影响。企业搞得好，社会经济才能健康发展。

所以，社会经济和文化的发展，有赖于企业的良性发展。对企业的管理实际上就是治国平天下的基础。用儒家的话讲，齐家就是治国平天下的前提。所以企业家这样一个特殊的阶层，应该说是承担着最重要的社会生产组织的职能。所以，作为一个企业家，你生命的存在意义和价值，恰恰就在"创业垂统"过程当中实现。

比如"三和国际"这样的企业，已经有三十年的历史了，像三和这样跟共和国的改革开放同步的企业还是不多的。大家了解吗？中国企业的平均寿命仅仅只有 2.7 年！中国有没有百年老店呢？存在了一百年以上，从来没有中断过，这样的百年老店，有没有？有，但只有五家：同仁堂、六必居、张小泉、王老吉、陈李济。

要注意的是，百年老店和百年品牌是两个概念，比如茅台酒，在西汉的时候就有了，作为一个品牌它已经有一千多年的历史。但是茅台酒厂就只有几十年的历史。

日本的百年老店有多少？有两万多家，连千年老店都有。日本有一家神社建筑公司，就有一千多年的历史，日本的神社都是这家建筑公司修建的。自有日本神道开始，就有这家公司。这家公司是日本神社的专业建筑公司。大家想一想，日本的文化只有一千多年，而且它的文化是从中国学过去的。日本本身是没有文化的，它所有的文明，包括它的宗教、它的教育思想、它的文字、它的服装，全部都是从中国学过去的。日本的和服，就是学中国的汉服，日本的文字叫假名，就是根据中国的偏旁部首来创造的，甚至还有直接使用的汉字。像这样一个没有历史文化的国度，居然有两万多家百年老店，为什么？这不能不让中国人尤其是中国的企业家好好思考一下。

日本的文化是从我们这里传过去的，而日本的百年老店却有那么多，原因在哪里呢？今天中国的学术界、思想界，没有人思考这个问题，管理学界也没有人思考这个问题。但我们中国的企业家不能不思考，因为这直接关系到你企业的生存，关系到你企业的继承和发展，关系到企业家的生命意义和价值。所以学者们可以不思考，企业家不能不思考。

日本是谁在思考这些问题呢？全是企业家在思考。从涩泽荣一开始，直到丰田喜一郎、松下幸之助，一直到今天的稻盛和夫，日本的企业文化全都是企业家在思考，而且是顶级的企业家在思考。这些企业家之所以被人们所称道，不仅是因为他们的经营成就，更重要的是他们在经营上的理念和管理上的智慧，以及作为企业家的人格风范。

在座的企业家有没有听过稻盛和夫的演讲？稻盛和夫被称为日本的"经营之圣"。圣，就是指他的人格。儒家的最高人格就是圣人。人通过自己的修为，让自己的人格达到非常高的境界，从而成为圣人。儒家有句话叫"希贤希圣以希天"，就是从一个普通人到君子，到贤人，再到圣人，最后达到与天地合德的境界。稻盛和夫为什么被称为"经营之圣"？圣，就说明他的经营思想是儒家的思想。

涩泽荣一被称为日本的"近代化之父"，他一生创办了六百多家企业，其中好几家都是现在世界五百强的前身。涩泽荣一提出："一手拿《论语》，一手拿算盘。"《论语》是什么？是孔子的书，是儒家的经典。拿着儒家的经典，学习儒家的思想，按照儒家伦理道德的要求去做人；而另一只手拿着算盘，拿算盘是说要会经商，会管理，会经营，要能赚钱。这样的人，才叫企业家。他有自己的信仰，有自己的人格。这种人格，我们称之为"士魂商才"，就是拥有一颗读书人、士大夫、士君子的灵魂，有儒家的信仰，又有商人的才干，有企业经营的头脑，这样的人才能称得上是"儒商企业家"。

刚刚讲到，日本的企业管理和企业文化，都是日本的企业家在思考。为什么？因为企业家在创业，在管理，在经营。他们有焦虑，有需求，他们需要管理的智慧，他们希望自己的企业能够成为百年老店，他希望自己的生命价值能够得到永恒。其他人没有这样一种焦虑，打工的人有没有这种焦虑？没有。中学教师有没有这种焦虑？没有。你让一个中学教师，或者大学教师去思考这个问题，他思考不了。甚至从事管理学研究的学者也思考不了这个问题。为什么？因为这个问题一定是从实践当中，从生命的实存性感受中生发出来的。

大家注意到没有，今天中国国学在热，传统文化在热，但是学传统文化的都是谁呢？大多是企业家，或者大公司的中高层管理人员。普通的百姓暂时还没有这个心，一是他们没有这种需求，二是他们即便有这种需求，也被另一种更强烈的需求所取代，那就是物质上的需求、生存的需求。他连生存都有压力，怎么去解决精神上的问题呢？企业家就不同了，他们物质上的问题解决了，接下来就是精神上的问题、心灵上的问题、管理上的问题、自己存在的意义和生命价值的问题。当一个人连生活都有压力的时候，终极关怀就会受到影响。一天天疲于奔命，忙于生计，哪里还有心思去学习传统文化？

企业家们在思考企业文化、企业管理的问题，所以中国未来的企业文化能不能形成自己的模式，中国式企业管理的模型能不能真正创造出来，要靠我们企业家，而不是靠台上讲课的学者。现在讲中国式管理的一些"名师"，他们本身就没办过企业，没有经营过企业，没有管理过企业，没有这方面的经验和实存性感受。因此，他们不可能给你提供这方面的经验和智慧。

日本有一个奇特的现象，那就是日本的管理思想、管理学问、企业文化，大多是企业家做出来的。未来中国的企业管理模式，未来中国的商业文明模式的建构，更多的是需要企业家们来做出贡献，而不是靠学者。

未来中国商业模式的建立，主要靠企业家，这是我们企业家不可推卸的责任。

儒家有一部经典叫《大学》，《大学》里面有一句话，把企业家的生命人格和存在状态以及生命意义和存在价值说得非常清楚，就是四个字：以财发身。发身，就是让你的身体"发"，当然不是发胖！让生命具有一种崇高伟大的价值，让生命得到放大并实现永恒，这就叫"发"。"发身"就是让我们的生命得以升华，拥有永恒的崇高意义和价值。

企业家用什么方式来实现这个价值呢？就是靠自己手中的财富和财力。以自己的财富为手段、为资源，去提升自己的人格，实现生命的价值和存在的意义，这就叫"以财发身"。

这句话在《大学》里的原文是这样的："仁者以财发身，不仁者以身发财。"不仁者，则是以身发财，就是用自己的身体去冒险，去干大逆不道的事情，去铤而走险以获得财富。比如去贩毒，去制造毒奶粉、地沟油。贩毒、抢劫、制假、贩假的人是不是要冒险？这

|守望精神家园

就是"以身发财"。而有德行的君子,则是"以财发身",用手中的财富让自己的生命得到升华。

怎么升华呢?就是用自己的财富,投身于社会伟大的公共事业,投身到治国平天下的外王事业中去,在为天下百姓、为国家民族谋福利的过程中升华自己,让自己从小生命成长为大生命,从小人变成大人。

儒家把人分成大人和小人,儒家的经典《大学》,就是教人做大人的学问,大学即大人之学。大人和小人是两种人格,用今天通俗的话说,小人就是自私自利,只为自己活着的人。如果一个人只为自己活着,他的官再大,钱再多,学问再高,也还是小人。比如陈水扁,官够大了吧?但是他还是个小人,因为他只为自己谋利。和珅,官够大了吧?他也是个典型的小人。那些位高权重的人,用手中的权力为自己和自己的家族谋利,最终就是落得这样一个可悲的下场。衡量一个人是大人还是小人,就要看他是为自己活着还是为天下人活着。身无半亩,心忧天下,贫贱寒士也可以成为大人。

我们读过杜甫的一句诗:"安得广厦千万间,大庇天下寒士俱欢颜。"写的是他在成都草堂居住的时候,大风把他草堂上覆盖的茅草吹跑了,他顶着风去捡茅草,于是发出这样的感叹:什么时候我有千千万万间房子,让天下所有贫寒的读书人都有房子住,都能安居就好了。

杜甫被称为"诗圣",为什么?因为他有儒家的这种圣贤人格。他自己都还没有房子住,可他想到的却不是自己,而是天下寒士。

假如把杜甫跟今天一个不仁道的房地产开发商比,房地产开发商为了谋利,降低成本,偷工减料,弄出质量问题,害得住户苦不堪言。杜甫和这种不仁的房地产开发商就是一个鲜明的对比。杜甫不是企业家,他没钱,所以不能以财发身;但他是诗人,最终还得"以诗发身"。

企业家生命人格的实现,生命价值的实现,就是要通过手中的财富为天下人谋福利,并在这个过程中让自己变成大人,让自己的生命更加光大，更加辉煌，而不能仅仅满足于做一个老板、一个财主。一个人的钱再多，只为自己，不为天下人着想，他只能是一个财主，一定不能称为企业家。企业家一定是有公益心，能为天下、为家国贡献自己力量的人。所以"以财发身"是一个企业家实现生命人格的最特殊的、最有效的方式。

不同的人，实现自己生命价值的渠道是不一样的。比如官员要实现自己生命的永恒价值，要成为大人，能不能以财发身？不能。应该是"以权发身"，用手中的权力，为官一任，造福一方。这样的官员，生命就有价值了，他存在的意义就显示出来了。

一个做学问的人，如果写文章、写书是为了赚稿费，他写出来的东西一定是文化垃圾。这样的学问，古时候有个专门的说法叫"稻粱之学"。龚自珍有一句诗："避席畏闻文字狱，著书都为稻粱谋。"写书是为了吃饭。稻，水稻；粱，高粱。稻粱谋，就是说写书都是为了换饭吃。大家想想，如果一个时代，学者们写书是为了换饭吃，他就不会去追求真理，学术思想就没有了真东西，这样一来，一个社会的良知就不在了。所以说，学者要想实现自己的生命价值，他就必须用自己的生命，用自己的心去思考、去写作。

像我也不能以财发身，因为我没有财富，我也不能像三和集团的张总一样，捐建希望小学，投资办道场，办书院。我怎么发身呢？只能"以言发身"，靠讲课，靠传播圣人之道，靠做学问，来实现我的生命价值，提升我的生命人格，这就叫"以言发身"。

儒家有个说法叫"立德、立功、立言"，称"三不朽"的圣事。为官一任，造福一方，就是立功；企业家捐资办学，为社会做公益，让百姓受益，这就是立功。立德，就是德行很高，为世人确立一个可以师法的道德楷模。比如以前的圣人，孔子、孟子、朱子，他们的德行都很高。孔子被称为万世师表，是我们学习的表率。我们到处传播圣人的思想，传播中国文化，传播圣人之道，以弘道为己任，这就叫立言。企业家有经验、有才能、有财力去做以财发身的事业，就是通过立功的方式，让生命得到放大。我通过到处传播圣人思想，

· 115 ·

在传播的过程中，让更多的人了解孔子，了解中国传统文化，我也以这样的特殊方式，让自己的生命得到放大。这就叫天命不同，企业家有自己的天命，我作为儒门后学也有自己的天命。这就是我们开头讲的，由于职业分疏，定位不同，天命不一样，实现生命价值的途径和方式也不同。

其实我在早期也办企业，开过公司，但是后来我发现办不起来，因为我没这个能力，我才发现我的天命不是做儒商，而是安安心心地做学问、讲课，从事儒家复兴事业，这是我的天命。

在座的企业家朋友，回去以后可以好好悟一下自己的天命。天命不同，生存的状态、生命的意义和价值也不同，实现自我价值的途径和方式也有所不同。但是无论是立功、立言，还是立德，在儒家看来，都是不朽的圣事。

在中国历史上，能够把立功、立德、立言"三不朽"的圣事都集于一身的人，一个是孔子，一个是阳明先生。阳明先生是明代的儒家圣人、心学的创始人，阳明先生是在贵州修文龙场悟道的。我的老师蒋庆先生创办阳明精舍——中国儒家这一百多年来第一个书院，就是在阳明先生悟道的地方。我跟三和集团的张总认识，结下这个缘，也是在阳明精舍结下的。不然我怎么会到这里来呢？我从贵州到深圳，跟三和集团的缘，跟张总的缘，跟在座各位的缘，都是阳明先生结下的，是圣人结的缘，是儒家的缘。

作为企业家，生命价值和人格的放大也是圣事。什么叫圣事？在《论语》里面，孔子的学生问孔子："如有博施于民而能济众，何如？可谓仁乎？"子曰："何事于仁，必也圣乎！"

学生问："如果有人对老百姓无私奉献，这样的人，算不算得上仁德之士？"孔子回答说："这样的人岂止是仁德之士，已经是圣人啦！"如果企业家能够广泛地做公益，把自己的财富投放到社会上那些伟大而崇高的事业当中去，让全天下都受益，那么你就是圣人了。

孔子有个学生叫端木赐，也称子贡。他是儒商的始祖，号称富可敌国。他一个人拥有的财富，相当于一个诸侯国的财政收入。那时候的一个诸侯国,和深圳差不多大,深圳每年的财政收入是几千亿元。也就是说,用今天的标准来衡量,子贡是千亿富翁。那么,后来子贡的财富用到哪里去了呢?用到孔子,用到儒家上了。孔子带领弟子周游列国十四年,花费多少啊!如果我们今天有几百人、几十辆车去周游十几年,要花多少钱?开支像流水一样。孔子哪里有这么多钱呢?是子贡这样有钱的学生提供的。子贡的聪明,不仅在于他会赚钱,更在于他会用钱。他把他的钱用在了伟大的事业上,用到了一个文明的复兴上。孔子周游列国,那是天下人的事业,子贡把钱用到天下人的事业上,用到治国平天下的事业上,所以子贡在历史上成为圣人,叫"行圣"。行就是行动,他是一个做事的行动家。可以说,没有子贡,就没有孔子当时的伟大事业,也就没有儒家文化的复兴,孔子删《诗》《书》,订《礼》《乐》,作《春秋》,继往开来,垂宪万世,成为一代圣人,开出中华文明这样一个格局,很大程度靠子贡的财力支持。从这个意义上来说,子贡还只是一个商人么?他已经远远超越了一个商人,成为了圣人。

所以子贡的聪明,不仅在于他会赚钱,更在于他会用钱。我们企业家,赚了那么多钱,用来做什么呢?用在自己、家庭、子女身上,几辈子都用不完了,拿来干嘛呢?钱多了不就是个数字吗?对不对?为什么不把它用于有益于家国天下的事业中去呢?子贡就是在这个过程中,生命得到了放大,得到了提升,不仅成为君子,还成为圣人,在历史上留下了辉煌业绩和千秋美名。用中国人的话说,叫青史留名。这就是最大的价值和意义所在。

人死了以后,千秋万代被人所传颂、被尊崇、被敬畏,还有什么生命的意义能大于这个呢?《孝经》里面有这么一句话:"立身行道,扬名于后世,以显父母,孝之终也。"儒家讲孝道,不是说你给父母端洗脚水洗洗脚,就是尽孝了,那太浅了,这不是为人父母最需要的。父母最需要的是儿女做出一番伟大的成就,青史留名,他们也跟着光荣。中国的父母就是这样,望子成龙,子女成了龙,他们就高兴。如果子女不行正道,今天还是个五百强的大企业家,第二天说搞毒奶粉被抓，判了无期徒刑，最难受的不就是父母么？以前还以为你是个大企业家，以你为荣，到处宣扬，被抓了，最难受的就是他们了。曾经有个地方的市长被"双规"了，结果他老爹被活活气死了，这市长当得气死老爹，这叫孝吗？中国人讲孝的时候，把孝的终极价值放在"立身行道，扬名于后世，以显父母"上了，让自己的父母得以显贵。

中国人讲母以子贵，你的母亲之所以贵，是因为她养了一个好儿子。岳飞的母亲之所以为人称道，就是因为她养育了岳飞，她自己姓甚名谁，没有人知道。她因为儿子而名留青史。孟子的母亲叫什么，也不知道，她名垂青史，就是因为她养育了一个圣人儿子。

儒家有一个说法常被大家所误解，叫"夫死从子"，"三从四德"里面的"一从"。古代的女子，丈夫死了以后，还要听从儿子的，这是现代学者对这句话的解读，这个解读是错误的。"从"的意思，在这里不是"听从"，而是"从属"的意思。儿子成年了，他是一家之主，母亲年老了，就以儿子为主，母亲为从。儿子发达了，母亲跟着发达，这也是从。岳母、孟母都是"从子"的，这就叫"母以子贵"。

一个企业家要想放大自己的生命价值，实现自己的幸福人生，必须要立身行道，要为社会、为家国天下做公益。除了子贡，在中国历史上这样的人有很多。比如近代的陈嘉庚，他有多少钱，办了什么企业你知道吗？不一定知道，但是他创办了厦门大学，你一定知道。所以陈嘉庚之所以名留青史，不是因为他赚了多少钱，而是因为他怎么用钱。他因为厦门大学而名留青史。

刚刚我讲到我跟三和集团的张总的缘分是在阳明精舍结下的，说得近一点，是阳明精舍结的缘，说得远一点，是阳明先生结的缘。没有阳明先生，蒋老师不会在那儿建书院，我也不会追随蒋先生去那个地方，张总也不会去那里。大家就没有见面的机会，没有见面机会，我做我的学问，张总做他的企业，大家就走不到一块。走不到一块，怎么做"孔子文化节"？怎么做孔圣堂儒家的事业？

我们现在有很多规划，孔圣堂已经做了五年，是今天中国儒家第一个道场，五年来我们做了大量的工作，都是三和张总提供的资金支持。三和的企业文化规定三和的使命是什么？请盛总说一下（盛总："以弘扬文化为天职"）。"以弘扬文化为天职。"这是一个企业给自己确定的使命，并没有把盈利，把做成五百强视为天职。什么叫天职？是老天爷赋予我们的职责和使命。三和集团，除了是个企业，还有使命和担当，这种使命和担当，是为天下、为家国，为儒家文化复兴做贡献。

刚才我们讲到的子贡，是不是为文化的复兴做出了贡献？三和就在做这个事业。三和是以弘扬传统文化为自己的使命和天职。我们每年举办的深圳"孔子文化节"，已经成为深圳市一张重要的"文化名片"，孔圣堂在中国乃至在世界，都已经是颇有影响。

刚才我们看了张总在嵩阳书院门前拍的照片。嵩阳书院是中国古代四大书院之一，这个书院最兴盛的时候，有几千人去听课，这几千人是从全国各地走到书院去的。在古代，交通很不方便，有的在路上都要走几个月。嵩阳书院是儒家的重要道场，但是今天的嵩阳书院，是卖门票参观的地方，没有人在此讲学传道，也没有学生在此求学求道。像这样的道场，孔庙、书院，在今天中国还有很多，但没有人传道讲学，也没有人求道。

而深圳孔圣堂是今天中国唯一一个活着的，每周都有活动，都在传道，都在讲学的儒家道场。孔圣堂之所以能够得以维持，得以做到今天这个样子，都是三和集团在提供经济支持。这是张总做的一件利国、利民、利社会的大事。

我们还有一个更宏伟的规划，第一个五年计划结束了，孔圣堂儒学复兴事业第二个五年计划已经启动。基金会已经成立，去年，张总捐了一千万。拥有一千万的基金会，在今天中国儒家文化民间机构当中，是最有钱的。基金会有了，接下来我们准备在河源建一个真正的儒家书院，不是阳明精舍那种，阳明精舍是高端的学术研究，这个书院是以传播推广为主要功能，被誉为"儒家传统文化复兴的黄埔军校"，书院的目标是要为儒学培养专业人才。

这样一来，儒家文化兴盛的局面和格局就会打开了。基金会、孔圣堂、书院这个"铁三角"组成一个平台，这个平台就是我们儒家文化赖以复兴的一个基础。所以，张总作为一个儒商企业家，这是为国、为民、为社会做的非常重要的事情，值得称道。

我衷心希望在座的企业家朋友们都能够参与到儒家文化复兴的事业当中来，为国家民族，为天下百姓尽一己之力，并在这一伟大的事业中成就自己的崇高人格，实现自己永恒的生命价值和存在意义。

儒商精神与企业管理之道

非常荣幸,也非常高兴,今天下午能跟咱们武汉大学高级研修班的各位企业家朋友们一起学习,共同探讨,我们今天讲座的题目是《儒商精神与企业管理之道》。

为什么讲到企业管理之道,要谈到儒商精神?儒商精神究竟是一种什么样的精神?我们现代企业管理为什么需要儒商精神?今天,就这些问题,和大家一起讨论、分享。

首先,大家要明白一点,现代商业文明源于西方,和人类文明史上的其他文明形态一样,现代商业文明也是一个有机的整体。这个整体,用西方学者约瑟夫·奈的话来说,文明的实体中分为两个部分——软实力和硬实力。

什么是软实力呢?我们首先看一个文明实体可分成多少个要素。在通常情况下,一个文明实体有八大要素。

(1)信仰体系:这是一个文明体系的质核。

(2)伦理道德:由这个信仰体系发用出的一整套伦理道德规范。

(3)核心价值:有了相应的伦理道德规范,才会有与这种规范和信仰相关的价值体系。

(4)理想人格:有了这种价值体系,才会有在这种价值体系中产生、孕育出来的理想人格。

这四种要素,构成一个文明的软实力部分。我们现在通常称为"文化软实力"。

如果说文化是软实力,我们不太好理解,但是如果我们把文化分解为这四个要素：信仰体系、伦理道德、核心价值、理想人格，这样我们对文化就有一个具体的、非常具象的把握。

另外，还有四个要素是硬实力，它们分别是：

（1）器物工具：如汽车、飞机、大炮、军舰、手机等。

（2）科学技术：简称科技，器物是由科学技术决定的。

（3）管理模式：每一个文明体系都有它自身的特殊的管理模式。

（4）制度体系：比如法律制度、民主制度、经济制度等。

中国这一百多年来一直落后挨打，原因是什么呢？因为我们在科学技术方面还赶不上西方，所以西方凭着坚船利炮打开了中国五千年紧锁的大门，中华民族从此忍受了一百多年的屈辱。这就是器物的作用，这就是因为我们的硬实力赶不上。

每一个文明体系都包含有软实力和硬实力两个部分。那么一个健全的有机的文明，一定同时具备这八个文明要素。

我们了解和明白一个文明体系的构成要素之后，反过来再看今天的现代文明，我们就会了解，像西方的现代文明，从这八个要素来分析，以美国、欧洲为代表的西方现代文明，大概已经有五百年的历史。这一个文明体系之所以能把具有五千年辉煌历史的中华文明击败，原因是什么呢？就因为这个文明有很强的力量，它是软硬兼备。

从马丁·路德宗教改革以后，西方摆脱了中世纪黑暗的宗教统治，进入一个人文主义的社会。这个时候，不等于说西方就没有了宗教。西方仍然有宗教，这个宗教就是基督新教。基督新教具有特有的伦理价值观和伦理道德观，叫"三拼命"伦理观——就是拼命赚钱，拼命攒钱，拼命捐钱。比尔·盖茨、巴菲特，把几百个亿都捐出来了。

所以，西方现代文明之所以在企业上、在商业上那么厉害，就因为他们有基督教的信仰，然后有"三拼命"的伦理观。按照基督新教的信仰，他们认为，每一个企业家、每一个商人，去经商赚钱，不是为了个人的吃穿用度消费，而是为了完成一个使命，这个使命是上帝赋予的。按照基督新教伦理观，钱不是个人的，是上帝他老人家的，赚了钱以后，要把它看好、管好、理好，让钱生钱，就是实现财富的增值。如果谁能把钱赚到手，并且管理好，还能最大限度增值，他就是在完成了上帝赋予他的使命，这样的人死后就可以上天堂。

我们通常认为美国是一个世俗化的国家，其实不然。美国是一个政教合一的国家，是一个宗教化国家。美国总统就职的时候，要用右手按着《圣经》，对上帝宣誓。他要对谁尽忠？对上帝，对选民，这是神圣的。

美国90%的公民都有信仰，并且大都是信仰基督教。在美国的大城市，如华盛顿、纽约、旧金山等，每个社区都有基督教堂。

这样一个国家，我们能说它是一个世俗化国家，不是一个政教合一的国家？小布什也好，克林顿也好，奥巴马也好，他们来到中国，也要到基督教堂去做祷告。

小布什上台以后，在白宫恢复了专门祷告的仪式场。美国的军队，都配有专门的随军牧师。这些都充分说明，美国是一个宗教化国家。

很多人也许不知道，美国中小学不允许讲"进化论"。进化论认为人是猴子变的，美国人和欧洲人却都不同意这个说法，他们说人是上帝创造的。在学校里面也只能这样教孩子们，绝不能讲人是猴子变的。美国已经有五个州通过立法，禁止在学校宣讲"进化论"。

有这样的信仰，有这样的伦理观，就会有专门的人格出现，这种人格就叫"清教徒"。有了清教徒，才有了现代欧美企业家和商人的人格风范。

比尔·盖茨也好，洛克菲勒也好，这些西方国家一流的企业家，都是虔诚的基督教徒。比尔·盖茨有一次参加会议，还有半瓶矿泉水没喝完，走了几步，他又返回来拿走没喝完的半瓶矿泉水。这个细节被一个记者看到了，就问比尔·盖茨："你这么富有，这半瓶矿泉水也舍不得吗？是不是有点吝啬啊？"比尔回答说："矿泉水和财富没有关系，我只是觉得，这瓶矿泉水，因为我喝过，所以别人不能喝，只能我喝。如果不拿走，这瓶水作为一个资源，就浪费了。"

这就是清教徒企业家的人格风范。不会因为有钱就可以随意糟蹋上帝赐予人类的丰富的物质资源。正是这样的人格塑造了西方现代资本主义文明。我们把这称为"软实力"。

软实力除了在企业家的人格上有所体现外，在货币上也有所体现。在美国、欧洲，包括亚洲一些发达国家的货币上，都有体现。比如美元，美元是美国货币，也是全球的通用结算货币。美元除了代表财富，还是一种硬力量，同时也是一种软力量。美元后面有一句话，翻译过来就是：我们信仰上帝。

美元作为货币，不光是能够结算的，充当一般等价物的东西，同时也是精神信仰和文化的载体。在美元后面支撑着美元的，还有一种叫"美元精神"的东西。

韩币上面印着一个头像，这个人是韩国历史上最著名的大儒李退溪。看看，韩国人把他们历史上最著名的大儒、大思想家的头像放在他们最重要的千元货币上。

韩币上李退溪头像旁边，还印有两栋房子，这是韩国的孔庙，叫"明伦堂"。明伦堂是孔庙里面一个专门的场所。钱币背后，是一座风景优美的书院，这是韩国最著名的书院——陶山书院，李退溪当年就在这个书院讲学。从这些我们可以看出，韩币上面也有思想、历史、精神和文化，有软实力。

刚才展示的这两张货币，仅仅是很多外币中的两种，在其他很多国家的货币上，都有一种职能，就是承载历史文化和精神，承载信仰，承载价值，承载软实力的职能。

从这里我们可以看出，一个商业文明不可能是赤裸裸的拜金主义主导的文明体系。如果一个商业文明没有信仰体系，没有伦理观，没有规范，没有价值，没有理想人格作为保障，没有软实力，那么这个商业文明的器物工具再先进，科学技术再发达，制度再复杂、再庞大、再完善，仍然是个形而下的没有软实力支撑的残缺的文明。

今天中国改革开放三十多年之后，尽管我们的经济发达了，

GDP 提升了，综合国力加强了，但是我们的软实力有待加强，这就是今天中国商业文明危机的焦点所在，一切问题和矛盾的根源所在。

为什么今天中国有的商人不讲诚信？为什么有人制假贩假？为什么毒奶粉、地沟油屡见不鲜、屡禁不止？原因就在于中国缺乏软实力。

我们都知道日本的企业搞得好，日本是中国近邻，在明治维新之后，短短百年时间，创造了西方五百年才创造的经济奇迹。日本在一百年的时间，就形成了自己独特的、不同于欧美西方的企业文化模式和企业管理模式。

日本的世界五百强企业很多。拿日本和中国做个对比，根据2011年的统计数据，现在中国大概有六十家企业进入世界五百强，日本是七十家。看起来两国之间的总体经济实力距离在缩短，可是你知道吗，这个数据当中，日本的七十家进入世界五百强的企业，全是民营企业，而中国的六十家进入世界500强的企业只有两家是民营企业，其他五十八家都是国企。从这组数据可以看出，中国民营企业的发展，不像我们想象的那么理想。

再给大家一组数据，刚才讲的是大，做强做大做久，再看长久。中国的百年老店，就严格意义上说，是生存经营百年以上没有中断的企业。中国的百年老店有多少家呢？五家。广州有两家（陈李济和王老吉），北京有两家（同仁堂和六必居），杭州有一家（张小泉）。中国是有很多百年老字号，但是老字号只是品牌，不是企业。

日本，一个小小的国家，历史不足两千年，但他们的百年老店有多少家呢？大家可以估计一下。最新最权威的统计数据是二万零一十六家。另外，还有一个数据，千年以上的老店有八家。整个日本国家的历史还不到两千年，而就有八家企业超过了千年的存在。

我们引用这些数据的目的，就是想要揭开日本企业文化、企业管理模式最核心的东西。日本人为什么在短短一百年中，创造出西方无法理解、望尘莫及的经济奇迹，原因在哪里呢？

就在于日本注重文化软实力的建构,这一奇迹产生在日本的文化精神当中。

我们今天讲座的主题——"儒商精神",儒商精神是什么?这就是中国的商业精神。一个商业文明模式的创建,一定要有一种商业精神在里面。如果没有商业精神作为支撑,这个商业文明模式是不可能建成的。企业管理之道,实际上就是要形成自身独特的、不同于其他人的管理模式。日本人做到了。而日本人的文化精神与商业精神的源头在中国!

明治维新以后,日本有一个人被称为"日本近代化之父",名叫涩泽荣一。他一个人创办了六百多家企业,而到现在,他创建的至少有十家企业成为世界五百强企业的前身。他提出了一个理念,叫"一手拿《论语》,一手拿算盘"。

《论语》是一部儒家经典,是孔子的学生所记录下来的孔子传道讲学的语录。它所代表的是儒家的信仰和儒家的核心价值体系。按照涩泽荣一的说法,日本的企业文化和商业文明,是建立在《论语》,建立在儒家文化的基础之上。

涩泽荣一以后,大家所熟悉的岩崎弥太郎、丰田喜一郎、松下幸之助,以及今天很活跃、很红的稻盛和夫,这些人都是世界五百强的缔造者。他们都有一个共同的特点,他们都是阳明学的信徒。

阳明学,就是王阳明先生的学问。王阳明是中国明代儒家的圣人,是明代心学的创造者。阳明先生的学问,在日本明治维新以后,成为日本的官学。官学,通俗地讲,就是官方学问,用今天的话讲,就是国家统治思想和意识形态理论。也就是说,日本明治维新以后,阳明学就成了日本的统治思想和意识形态理论。

日本把中国儒家的传统思想作为自己的统治思想,作为自己的官学,这很奇特。在明治维新以前,德川幕府时期,日本的统治思想是什么呢?是程朱理学。程朱理学同样也是中国的儒学。也就是说,日本在这一千年的历史当中,基本上都是中国的文化和思想在统治着他们。第一流的企业家,都是阳明学的信徒,第一流的政治家，同样也是阳明学的信徒。福田康夫访华，还专门到山东曲阜孔庙参拜孔子，给孔子行大礼。

蒋介石1906年到日本士官学校留学，从此以后，蒋中正先生就成了阳明学的信徒。而他去日本前，是反传统主义的新人，新思想武装起来的人。留日回来之后，他成了阳明学信徒，一生忠实信奉阳明学。蒋先生学习阳明学，不是在中国的土地上学习的，而是在日本的士官学校受到的熏染。日本士官以上的军官，人手一册《传习录》。《传习录》是阳明先生传道时候的语录。我们看日本的抗战片，日本的士官出来，表面上还是有点文雅，虽然本身是野兽，但也还有点文化的野兽，大多都能随口说几句中国的经典。也就是说，日本的政军商各界精英都信奉阳明学。为什么？因为阳明学就是日本的官学，就是他们的统治思想，就是他们的意识形态理论。

最近两年，稻盛和夫在中国很热。盛和塾举办一场稻盛和夫的讲座，近三千人，票价八千，一场讲座创造价值两千多万。因为中国企业家推崇他。

我曾经和中国盛和塾总部及广州盛和塾的企业家做过交流，对他们说过，稻盛和夫先生的思想的根在中国，在阳明先生这里。稻盛先生自己都说：我的根在中国。可是这话说出来之后，下面听课的中国企业家没有感触，无动于衷。盛和塾每年都要组织很多人去日本学习，学习什么呢？学习稻盛哲学。但是我告诉大家，稻盛哲学，就是在阳明先生学说的沧海里面舀了一瓢水，就是这一瓢水，就创生了几个五百强出来。这充分说明文化软实力的厉害，以及中国文化的厉害。

今天中国的商业文明模式建构不起来，中国的商业伦理规范建立不起来。大家都知道要诚信，但是当诚信和利益发生冲突的时候，诚信就退位了，签了合同，也未必会遵守合同。自己的企业管理模式，具有中国文化特色的企业文化模式很难建立起来。

什么叫"道"呢？通俗地讲，就是核心价值体系，信仰体系。没有信仰和价值体系，一切以什么为标准呢？一切以经济利益为价值,把钱作为价值本身,这就叫拜金主义。这样一来,我们的企业文化也好,中国特色的管理模式也好,商业文明模式也好,在没有软实力支撑的情况下,是没有办法建构的。

阳明学在整个儒家的思想体系当中,只是一个很小的部分。如果我们把这五千年辉煌灿烂的传统传承下来,我们就能创造出远远超越日本的、辉煌的现代商业文明模式。

从对文化的态度,就可以看出一个国家、一个民族自身的精神状态。日本对中国文化非常敬重。福田康夫到中国来,要去孔庙参拜。日本侵华战争的时候,唯独对山东曲阜保护有加。日本侵略军进到曲阜的时候,马上在孔庙贴了告示:凡是大日本帝国的军官和士兵,一律不得踏入孔庙半步,违者格杀勿论。

抗战八年,孔庙没有被日军践踏。当时的衍圣公孔德成,因为日本侵略军来了,撤离衍圣公府,去了重庆。他在离开曲阜衍圣公府的时候,他的办公桌上有半包饼干。八年抗战结束之后,孔德成重新回到衍圣公府,办公桌上的半包饼干还是原样不动。就是说,这个地方,日本人没有进去过,即便有高级官员进去了,也没敢碰任何东西。

日本明治时期,有一个文部次官,当时因为在东京建了一座孔庙,孔庙里面竖立了一尊孔子像,因为第二天要揭幕,头一天这位文部次官带了随员去视察工作。这位文部次官用手里的文明棍挑起了孔子像的布幔看了一下孔子像。他的这个举动引起了日本士大夫的集体不满,并联名告到了天皇那里,大家一致认为文部次官羞辱了圣人,对圣人有大不敬之罪,认为不杀不足以平民愤,于是杀了。

从这里我们可以看出,日本人能有现在这样的商业奇迹,区区百年创造这样的奇迹,是有原因的。密码就是文化软实力。而这个软实力在哪里呢?就在阳明学,就在儒家传统,就在中国的中华文明。所以日本人认为,他们才是传承中华文明的国家。

韩国人也认为他们才是儒家传统文化的真正传承者,韩国的学者甚至一致考证，说孔子是韩国人，为什么呢？他们的根据是，孔子在《论语》里面有一句："道之不行也，乘桴浮于海，从我者其由也。"这句话的大意是说，孔子周游列国，干七十余君，都不用我的礼乐文教统治思想，我传不下去了，干脆离开了，从哪里走呢？就坐着木船去海上。那时候，从山东半岛，跨海过去就是哪里？不就是扶桑吗？扶桑就是东瀛日本。还有从山东半岛到辽东半岛，辽东半岛再过去，就是朝鲜半岛了。所以朝鲜半岛，日本列岛，这两个岛民，都一致认为孔子成了他们那里的人。

日本也好，欧美也好，他们之所以能创造出令我们中国企业家仰视和钦佩的企业文化、企业管理模式和商业文明模式，就是因为他们有坚强的文化软实力资源。

中国改革开放三十年来，为什么我们没有创造自己独特的企业文化模式和管理模式，为什么没有我们自身的商业精神，原因就是因为我们没有了道，没有了文化。所以要解决今天中国的企业文化和管理的最根本的问题，就必须重新回到我们的传统中去寻找资源。换一种说法，我们真正的管理之道，在自己的传统当中，而不是在西方，更不是在日本。

管理之道和管理之术是不一样的，什么是道呢？道是精神的东西，《易经》说："形而上者谓之道，形而下者谓之器。"所以日本所有的文化当中，什么都叫道，他们对道，有一种特殊的感情，打个架叫空手道，喝个茶叫茶道，舞个剑叫剑道，玩儿个香，叫香道……什么都是道。

但是日本人其实是没道的，他们的道，是中国的道。我们讲企业管理之道，它一定是讲软实力意义上的东西，是形而上的，是一种神圣的核心价值体系。而只有这种由信仰转出来的核心价值和伦理道德规范，以及它形成的一种特殊的人格，才是我们建构自身的企业文化和管理模式的根本之道。

所以说我们现在要回过头来，重新审视自己的传统文化资源，真正具有中国特色的企业文化，那叫儒商文化。真正中国的企业管理模式，是儒商的管理模式。真正中国的商业精神，一定是儒商精神。

大家知道，儒商精神和儒商的管理模式不是今天在这里才开始谈的，它在中国已经有了数千年的历史，如果说它的辉煌历史，也至少有五百年以上。比如中国的晋商票号创建于道光四年（1823年），当时晋商的票号都开到哪里了？北边开到西伯利亚，南边开到南洋、新加坡，东边开到日本、朝鲜。经营范围已经这么大了。票号，就是银行啊。那时没手机、没电脑、没飞机，那时候的分号怎么掌管？那么多的钱，上千万白花花的银子交给你，请你带到欧洲去，带到西伯利亚去，没有电话，没有飞机，怎么管？大家想想，怎么管的？

这就是中国式管理的密码，在没有现代通信和交通手段的前提下，怎么把银行给管好？西方人在谈到晋商票号管理的时候，都是瞠目结舌。最奇特的是，在晋商五百年票号管理史上，携款潜逃的事，一例都没有，这才是奇迹之所在。现在如果管这么大的银行，没有一个贪污挪用携款潜逃的，而且还持续经营了五百年，行不行？天方夜谭！但是中国就是实现了。这就是中国式管理的魅力。至于晋商是怎么管理的，以后我们有机会再交流。

中国人管社会，管政事，我们现在通常说，要加强法制。可是法制加强了，社会就真的和谐了吗？可以看看美国，法制多健全！但是犯罪率多高！一会儿这里爆炸，一会儿那里枪击。生意最好的地方就是监狱。那么健全的法制，为什么监狱生意最好？反过来我们看中国式的管理，中国式的管理在五千年的历史上，社会政治的管理，基本上可以用一句话概括，叫"无为而治"。看起来好像没有管理，但是却管得非常好。好到什么程度呢？当它最好的时候，比如周代成康之世"囹圄空虚四十年"。囹圄就是监狱，监狱空了，一个犯人都没有，这种状态整整持续了四十年。为什么没有犯人？因为人们都不犯法，都以犯罪为耻，都自觉地远离犯罪。这叫作道德自觉！

我们看电影、电视就知道，古时候，一个县衙门口都有一面大鼓。老百姓谁有了冤屈，就去击鼓鸣冤。一击鼓，哪怕是深更半夜，县太爷不管在做什么，都必须升堂。可是，这个衙门口的大鼓，经常是一年、两年、三年、五年都没有人去击一次。

我们想想，如果现在深圳市政府门口也有这么一面大鼓，可以让市民有事就敲，市长马上升堂，敲鼓的人是不是会排着长队？

传统中国式的管理，就是无为而治，这是我们今天建构中国特色的企业文化和管理模式的根本所在，也就是我们今天讲的儒商精神。儒商精神这么重要，儒商精神又是什么东西呢？它由哪些要素构成呢？

首先要明白，什么是儒商？现在很多企业老板，有点知识、有学历的、举止比较文雅的，或者喜欢茶道、喜欢读点《弟子规》的，很多人都以儒商自诩。但是严格意义上说，这还不能叫"儒商"。真正的儒商，一定要达到一个境界，一手拿《论语》，一手拿算盘，必须恪守儒家伦理价值观，并且要让自己严格按照儒家伦理规范来从事经营活动和企业管理，这样的人才叫儒商。

儒商，必须首先是一个儒者，同时还必须是一个企业家。一个儒商必须满足两个条件，儒和商，儒者＋企业家，这种复合型的人格，才叫儒商。所以，儒商精神，第一要素就是儒家的信仰。

刚提到的日本人那么敬重孔子，可是这一百多年来，中国人自己是怎么对待孔子的？这里给大家讲个小故事，我们现在去山东曲阜看，孔子陵前有座墓碑，即大成至圣文宣先师墓碑，这是中国文化始祖的碑。可是这块碑，是断成三截的，现在是用黏合剂黏起来的。是怎么断的？"红卫兵"打断的。孔子的墓，也曾经被掘了，当时"红卫兵"用推土机掘孔子墓，没找到圣人的棺木。自己圣人的墓居然被掘了！当时的衍圣公孔德成的父亲的墓也被掘了，并且尸身被挖出来挂在树上鞭打。这些行为令人发指！这是我们自己民族文化的始祖，万世师表啊！

所以说，胡锦涛同志在党的十七大报告中正式提出要建构中华民族的共有精神家园，要重新重视挖掘传统文化，要加强文化软实力建设，建构我们的核心价值体系。胡锦涛在谈到"精神家园"的时候，有一个定语，不知道大家注意到没有，是"共有精神家园"。那么能够成为中华民族共有精神家园的，谁才有资格？我认为，只有一个选择，那就是孔子，这个估计大家都同意。

现在佛门的一些大法师，都在搞《弟子规》，都在传播传统文化，都在讲儒家优秀传统。从台湾的净空法师、星云法师，到我们大陆的寂静法师、本焕大和尚等人都在讲传统文化。佛门都在传播孔子思想，儒门就更应该了，就是不知道现在儒门开在哪里。

但是不管怎么样，可以确定的是，只有孔子，只有中国五千年的儒家传统，才是中华民族共有的精神家园。那么儒商精神的核心价值和信仰，只能建立在孔子思想体系的基础之上。

一个企业也要有自己的信仰，有了信仰，我们才会有在企业管理过程中所需要的精神动力。现代管理中的激励机制主要是利益，高薪、奖金、分红等，都是利益。还有一种就是契约，通俗说就是合同，彼此之间达成的一个约定。西方人很守合约，签订的合同他们一定遵守。"洋鬼子"一根筋，他们很守合约。八小时上班，就好好干八小时，绝对不偷偷上网，不偷偷聊天。但是八小时以后，如果老板要他去陪客户吃饭，让他去K歌，他就会告诉你，不行。为什么？他认为这个时间是属于他自己的。中国的企业不能这样，中国人没有契约的观念，很多人说中国人没有法制观，不守合同，没有信用，其实不完全这样，这个根在文化上。西方人守契约，是因为他们的信仰本身就是一个契约，刚刚我们讲到的基督新教的信仰，从本质上讲，就是信仰者和神的一个约定。基督教的经就叫《旧约》《新约》，就是我跟上帝有个约定。我完成了上帝赋予的使命，他就让我上天堂，这是有合同的。那么有这样一种近乎宗教意义上的对契约的价值认同，再通过契约的方式来管理西方人的时候，就很简单，不要老板操那么多心，只要在合同上写明白就行了。问题是这一套对中国人不管用。你要求他好好上班，他就挂着QQ聊天、炒股，老板一来，就切过页面。这种事情太多，老板也不可能天天盯着，就是盯，人少可以盯，企业做大了，人多怎么盯呢？

企业管理从本质上讲管的是人，人有两个部分，一个是身体，一个是心，最难管的是人心，所以古人讲"得人心者得天下"。要把企业管好，就是要把员工的心管好。那怎么去管好员工的心呢？我们传统的说法叫"收服人心"，这招做好了，你不用管，他的心就在你那里。

《三国演义》中讲，关羽在曹操那里暂时待着，曹操什么都给他了，给他赤兔马，给他封侯，那么器重他，最后关羽还是走了。为什么曹操收服不了关羽？刘备是凭什么收服关羽的？其实如果我们从平台上讲，曹操的平台要比刘备好。曹操能给关羽的，刘备当时都不能给，关羽却被刘备收服了，这是什么原因呢？我们追溯到刘关张三人初次见面的时候，关张二人都是天下奇才，而刘备是一贫如洗。刘备想，这二人功夫了得，得之可安天下，如果有二人相助，则大事可成矣。这是《三国演义》对刘备当时的心态描述。他凭什么收服这二人呢？刘备就用了一招：结拜。这叫义结金兰，是没有成本的。刘备知道，这一结拜，他自己年龄最大，就是大哥，关张二人都得听他的。义结金兰，其中有"义"在，要守义，讲兄弟情义。有句话叫"情义无价"，所以曹操给关羽再多的钱也收服不了关羽，因为刘关张三人的关系是情义缔结的。刘备对他的这两个兄弟也非常好，张飞打了邮督，犯了事，张飞要逃走，刘备二话不说，把官印挂在那里跟着兄弟们就走。今天还有没有这样的人？为了兄弟，自己的官都不要了，企业也不要了？没有这种精神，怎么能够守义呢？怎么能够得到天下英才绝对的忠诚呢？刘备收服关张二人，就是靠的义结金兰。这一拜，感天动地。拜，不需要成本，不光不需要成本，还得了兄弟，而且把兄弟的家当都"拜"到自己头上来了。张飞当时就是变卖家产，全部用来给刘备招兵买马了。

这就是中国式的收服人心的管理模式。刘备要是跟关羽和张飞签个合同，这个合同会不会这么管用？这是合同所能达到的吗？

而诸葛亮是旷世奇才，刘备把诸葛亮也收服了。旷世奇才的诸葛亮，人称"卧龙先生"。"凤雏""卧龙"，得一人可以安天下，这是什么概念？就是得一个人就可以帮你打下江山。事实也是如此，刘备自从得了诸葛亮，得以三分天下。如果用现在的成本核算观念来看的话，他的收益有多大？我们都不敢想，一个深圳市就是几千亿元。如果把三分之一的天下算一下，有多少？那么这么大的收益，刘备是怎么搞定诸葛亮的？就是一招：三顾茅庐。

诸葛亮跟关张二人不一样，刘备太清楚了，不能跟他也拜把子，你去拜见的时候，他都不会理你。刘备去拜见诸葛亮的时候，他也不见。刘备第三次去拜见诸葛亮的时候，诸葛亮在午睡，刘备就站在那里恭恭敬敬地等先生睡完了觉起来。这个在儒家叫"礼贤下士"。这个太管用了，做老板，就是为君，这叫为君之道，治人之道。要礼贤下士。什么是贤？就是德才兼备的高人，对高人要以礼相待。

诸葛亮是士，是读书人，是有才能、有本事的人，胸怀韬略的人，能经邦济世的大才，这是士。这种士，怎么收服他们呢？老祖宗教我们一招，就是"下士"。怎么做才是"下士"？就是刚才讲的这样，诸葛亮在榻上睡觉，刘备在门口恭恭敬敬地站着等，他的姿态是不是比诸葛亮低？下，就是把自己的姿态放得很低。诸葛亮在《前出师表》里说："先帝不以臣卑鄙，三顾臣于草庐之中，咨臣以当世之事。由是感激，遂许先帝以驱驰。"所谓"士为知己者死"，中国的读书人，虽有旷世奇才，他的七寸就在这里，就怕别人以礼相待，敬重他，用低姿态，礼贤下士非常管用。

刘备太厉害了，一个什么都没有、两手空空的人，把几个旷世奇才都抓在手里，结果就打下了天下。

企业家做生意，是不是也想打下一片江山？当你想打天下的时候，千万不要以为钱多就能办事。不是的，人心无底，你给他五十万，他可能说，一年给你赚几千万就给我五十万？如果给他五百万，对半分，他会说，我们俩身价一样，我为什么要给你卖命呢？如果你全给他，他也许会说：我比你还富有，为什么要给你卖命呢？

这就是人心不足。搞定人心，中国人和西方人不一样。用西方的方法管理中国人，是收服不了人心的，只有用中国人自己传统的那一套，才能收服人心。

接下来要讲企业管理之道。刚刚讲的是儒商精神，精神是形而上的东西，是核心价值，这个东西必不可少，但是如果只有精神，只有价值高高在上，悬在空中，落不到地上，还是没有用的。

儒家的这种精神文化传统，如何运用在企业管理中，落实为可操作的管理模式？用今天的话说，就是在企业管理当中怎么落地？

今天大家听我讲，觉得很有道理，可是回去以后怎么做？怎么落地？儒商精神是软实力，是信仰，现在要落地下来，就要变成一套可操作的模型和工具。

西方管理追求的是利益的最大化，为了保证利益最大化的实现，就要追求一个叫"效率"的东西。所以他们管理的目标是利益和效率。儒家以仁为本，所以儒商企业管理的目标不是简单纯粹的效率和利益，而是"安人、安天下"。

什么叫安人？就是让员工都能安，即安心，安身。身体要安，没有房，没有车，没有钱，人怎么能安呢？企业凭什么让员工把心安在你这里永远都不动？丰田是怎么做的？以丰田为代表的整个日本企业管理的三大管理法宝中，第一条，就是家族制度。

不把企业当作一个纯粹的利益实体、经济实体，而是当成一个家。你来到这里，就像来到一个家一样，心里安了。没有钱，不能安；老板对人不好，也不会安；这里没有一种核心价值，没有信仰、一个精神家园给你，也不能安。刚才讲到中国传统家庭中，有"天地君亲师"的牌位，那就是精神家园。所以，一个家必须具备从物质和精神两个方面对人心进行安顿。

如果一个企业家把自己的企业打造为能在物质上和精神上都能让员工心安理得、安居乐业，永远不离不弃，这就叫"安"。

所以，儒商的管理模式，是把人作为管理的目标。而西方的管理模式，追求利益和效率，人成了工具。西方新自由主义把人称为"理性经济人"，就是把人当作生产的工具、赚钱的工具和消费的工具。把人工具化，因此，从本质上讲，西方的管理模式是有问题的。

日本管理模式之所以成功，就因为在这些方面做得好。像丰田这样的企业，员工进去以后，生老病死都在企业。员工死了后，甚至还有自己企业的公墓。逝者墓碑上还有一句话：生前我们一起工作，死后一起共享天伦之乐。因为员工生生死死都是企业的，所以他们对企业就会有很高的忠诚度。

员工作为被管理对象，最为重要的品质就是忠诚。怎么样才能得到忠诚？这就要收服人心。

我们看晋商是怎么样收复人心的？晋商在管理的过程中，把管理对象当作自己家人来对待，管理者和被管理者的关系不是纯利益关系，不是简单的契约关系，而是家族意义上的亲缘关系。

刘备和关张，是手足，是兄弟，兄弟手足怎么能背叛呢？刘备于诸葛亮有知遇之恩，这种关系是一种真正能得到彼此忠心的关系。所以儒家以前把从事管理的人叫"官"，官者，管也。孟子说："劳心者治人，劳力者治于人。"我们这个研修班名叫"企业首席营运官"，也是官，企业里面的官。怎么当官呢？我们学管理，就是学为官之道，学习怎么当官，怎么当统治者。

古时候，中国人把官称为"父母官"。既然是父母，他是不是随时随地都想着儿女，要为儿女谋福利呢？儿女冷了热了，有没有房子住，他是不是都得关心？只有爹娘才会这样。如果当官的都像爹妈一样，成为父母官，这个关系就都是天伦关系了，就不是契约关系了。所以我们每一个管理者、每一个营运官，都要有为人父母之心，把员工下属当作儿女对待。思考一下，在座的为人父母的，是怎么对待儿女的？你就把这种心，用来对待员工，他就会对你忠心耿耿，服服帖帖。关键是，作为管理者，我们是否能够做到为人父母。

中国传统的晋商和徽商都遵守一个制度，叫"亲俸"制度。就是把员工的工资分为两部分：常俸与亲俸，常俸就是日常开的工资，亲俸就是直接发给员工的父母、亲人的那部分薪金。

试想，一个在深圳做高管的人，他的父母远在外省偏僻的山村，账户里面每个月能得到从深圳转入的几千元，这老人会怎么想？而且这钱还不是自己的孩子给的，甚至孩子都不知道。当他来到深圳，儿子的老板，比自己儿子对他还好，让住好酒店，或者公司派车带着老人到处看一看。这就是把孝道精神落到实际的制度。

这个制度关键在什么地方呢？这样一来，企业就把员工的亲属、家人都捆绑在一起，用个不好听的词叫"绑架"，把员工的父母妻儿都绑在了一起。你的父母妻儿也和企业是一体的。如果要背叛公司，你父母妻儿同意不同意？

古时候的封疆大吏在西边带军，皇帝把全部军权都交给他，问题是他的妻儿老小全都在京城。他敢背叛么？不敢。那时候的一家子，几十口人甚至几百口人，有些大家庭是上千口人，你敢背叛么？你一背叛，这一大家人还要不要？但是只要你不背叛，我对你的家人好得不得了。这是不是大家的命运都结合在一起了？

除了亲俸，还有阴俸。就是员工死后，公司还要发工资的。因为这位员工虽然走了，妻儿还在，父母也许也还在。他走了，企业帮他履行家庭的职责。那么，企业做到这个份上了，还有什么说的。员工会轻易背叛吗？

话又说回来，企业这些投入是要成本的。但是这个成本，是投有所得。投入进去的肯定比你所收获的要少得多。要想拿到亲俸、阴俸并不容易，会有许多硬性规定，比如在企业工作十年以上享受什么待遇，工作二十年以上享受什么待遇。在制定薪酬政策的过程中，把这些思想理念贯彻进去。

比如，我在深圳的一家企业做顾问。当时这个集团公司要对一个高管进行奖励，发放年终奖八万元。当时我听说给这么高的奖励，就给老板提了一个建议，把这八万元分成两部分，六万元给高管本人，两万元奖给他的父母。因为没有父母的培养，企业哪里会有这样优秀的员工呢？所以父母应该得到奖励。企业派专车到农村去接这位员工的父母到现场，颁奖时老人拿着两万元奖金，非常感动！农村里老实巴交的农民,突然得到企业的几万元奖金,老人家拿着奖金,老泪纵横地说:"我真没想到,还有这么一天。企业对我这么好,我有什么好回报的呢?别的没什么好说的,就我这小子以后生生死死就是企业的人了。如果他敢背叛,敢做对不起老板的事情,我第一个不答应。"

农民说话很朴实,这话其实就是表达了一种最朴素的忠诚。这种忠诚源自他的父母。中国人有个特点,你对我好,那还不算什么,如果你对我父母好,比对我好还好。就是把员工的家庭和亲人,把他们的现在和未来绑到一起,进行一体化管理。只有在这种前提之下,才能得到员工真正的忠诚。

要让管理对象从自私自利的小人变成一个对企业忠心耿耿的君子,这个过程通过什么来实现?通过儒家的"教化"来实现。

教育是从知识和技能的传授意义上讲的,教化是从人的品行和人格上讲的。教化的目的是通过教,然后让你产生变化。怎么变化呢?从小人变成君子,从一个自私自利的人,变成一个大公无私的、忠心耿耿、具有忠义之心的坦荡君子。

我们在管理当中,是不是希望我们的管理对象都成为坦坦荡荡、忠心耿耿的忠义之士?要实现这个目标就只有通过教化。按照儒家的说法,人是分等级的,人格是有差别的。普通人没有经过教化,比普通人低的就是小人,比小人更低的就是坏人、恶人,甚至是大恶人。那么比普通人要好一些的,就是正人,然后是君子、贤人、圣人。人就是这样由低到高有人格划分的。

人格即是人的品格。划分人的品格以什么为标准呢?以德行为标准。品格从哪里来?通过教化,通过诗书礼乐的教化。要想使员工变得高尚,就要通过教化。

大家都读过韩愈的《师说》,"师者,所以传道、受业、解惑也"。传道是第一。我们在座的谁知道,有哪个老师给你传过"道"呢?你知道"道"是什么东西吗?不知"道"。为什么?因为学校根本不传"道",老师也没有"道"可传。老师的老师也没给他们传过"道"。

这个"道"早在一百多年前就被抛弃了。

"道"就是价值，是魂，是精神。人不能成为无道的人，企业不能成为无道的企业。为了达到这个目的，我们就需要建构一系列的企业文化与管理模式。比如，在儒商制度中，有一种制度，叫宗社制度。宗，就是宗教，社，就是江山社稷。社，本来是土神。为什么日本公司的名称都叫株式会社？"社"就是从中国儒家文化中来的，意思是要把公司、把企业当作江山来打，当作江山来坐，这就叫"社"。所以儒商企业管理制度建设中，就有一条，叫"宗社制度"。一个创业的企业家，把企业做强做大，最关键是要让它世世代代、子子孙孙传承下去，这就是我们通常说的"百年老店"。这就叫"社"。作为一个企业创始人，如果后人享受到你带来的福祉，但是不知道你是谁，是不是很失败？那么，怎么让我们的后人知道呢？那就要建立"宗社"的制度，把企业当成江山，世世代代传承下来，从而实现企业家生命的永恒价值和意义。

要想做到这样，不是一句话的事，要落实到制度上。在我们的儒商管理制度中，还有一个重要的制度，叫"企业的祠堂"制度，我们给企业建一个祠堂。祠堂是什么呢？是中国古时候家族的神圣道场。以前家族的重大决策、重大的祭祀活动、管理活动都在祠堂举行。企业有了这么一个祠堂，就有了神圣的场所。企业祠堂供奉谁？除了天地君亲师，还要供奉企业创始人，和为企业做出重大贡献的人。他们归天以后，把其神位供在祠堂里面。

如果这个企业传承几百年，那么这些被供奉的人，就会成为企业的始祖，企业之主就会被世世代代供奉着。作为企业家，你的生命在这样的传承中获得了永恒。不然的话，就免不了人存政举、人亡政息的命运。企业家的生命，要想获得永恒的价值，就必须通过宗社的制度传承下去。CEO就职，要来这样一个地方，做一个神圣庄严的宣誓和仪式。现在的老总们就职，仪式是什么？一般是开个会，宣布人事任命，大家鼓个掌，或者还吃顿饭，办个酒会，完了。神圣吗？庄严吗？不神圣、不庄严的就职仪式会不会为就职的这个人带来神圣而庄严的荣誉？不能。

　　企业的祠堂建构就是铸魂，企业祠堂是对员工进行教化的神圣场所。新员工入职、总经理上任、开机、奠基、开业等重大活动，都要在此举行一个神圣的仪式，让天地祖宗神灵保佑你，因为天地祖宗神灵具有超自然的力量。

　　这样一来，儒商精神就会落实成一种具体的可操作模式和制度，就可以对管理人员和员工进行教化，就能够培育出一代忠义之士和德才兼备的员工。这难道不是我们每一个企业家所希望看到的？

　　用中华民族的优秀传统去建构我们的企业文化和中国特色的管理模式，我们的企业才能根深叶茂，我们的企业才能做强、做大、做长久。我们不光要争当世界五百强，还要向前再进一步：让我们的企业能够传承五百年！

　　今天就和大家分享到这里。谢谢大家！

弘扬儒商精神　对治经济危机

——在深圳高科技产业商会的演讲

各位企业家朋友们,大家好!

很高兴有机会跟咱们深圳的企业家一起,就当前的经济危机及其引发的社会问题进行交流和探讨。

2008年,一个极不寻常的年度!中国有"毒奶粉事件",美国有"次贷危机",全球有"金融风暴"。"毒奶粉事件"是中国版的"次贷危机","次贷危机"是美国版的"毒奶粉事件"。这两个事件有很大的共同性,那就是,事件的根源都在于人们对利益追求的不择手段和毫无节制。这是人类私心和欲望过度膨胀的结果,是我们为现代商业文明的弊端所必然付出的代价!

"次贷危机"及其引发的"金融海啸",宣告了"华盛顿共识"和新自由主义经济理论及其模式的破产;"毒奶粉事件"则标志着"简单发展观"的终结!只有发展是远远不够的,我们还必须回答为什么发展和怎么发展的问题!

这两个事件的集中暴发,凸显了两个巨大的问号:中国向何处去?世界向何处去?对于我们在座的企业家而言,还有第三个问号,那就是企业向何处去?

解决问题,就像治病一样,要开出药方,首先就要诊断病情,追问病因。危机以后人们都在分析导致危机的原因,什么监管不力、什么金融泡沫、证券打包、虚拟经济等。实际上,这些都不是根本原因。

你说监管不力,是监管不力吗?前美联储主席格林斯潘在他的自传中就曾一语道破天机：放松监管，甚至不监管，是有意为之，刻意放纵！美国的政客们、经济专家们、实际操盘手们，他们还不明白是怎么回事吗？美国家庭平均债务十四万美金，折合人民币一百多万元，美国人透支，中国人买单，全世界买单。说白了，这是转嫁债务，变相掠夺！那些专家们还在那儿煞有介事地分析，有什么好分析的？不就是玩金融游戏掠夺别人的财富吗？结果怎么样？害人害己，玩火自焚！"次贷危机"及其引发的"金融风暴"，其病症是"经济"，其病因却是"道德"、是"文化"。

西方文化从核心价值到意识形态，从制度建构到"游戏规则"，都是以利益和欲望为中心的。这是一种霸道的商业文明，是损人利己的商业模式。要从根本上解决经济危机问题，就必须从文化道德上解决问题。只有"以德为本，兼善天下"的儒家传统的价值观，才能创造出良性的现代商业规范和秩序，才能为人类寻求到真正可持续发展的途径。

正如1988年世界七十五位诺贝尔奖得主在《巴黎宣言》中指出的那样："人类如果要在二十一世纪生存并发展下去，就必须回头两千五百年去寻找孔子的智慧。"

"金融风暴"、经济危机，首当其冲的是我们的企业，可以用四个字来描述企业目前的处境：内忧外患。在这里，我们就针对"金融风暴"所引发的经济危机，以及我们大家所面临的困境来看看，孔子有什么样的智慧？儒家有什么样的对策？能开出什么样的药方？

一、调整心态，内在超越

面对危机，面对困境，一定要有一个良好的心态，尤其是企业家。良好的心态是我们摆脱危机、走出困境的前提。在这个时候，你的家庭、你的企业、你的员工全都在看着你。这么多人，这么大的摊子，生死存亡，何去何从，都得看你的。"哀莫大于心死。"心态不好，一切就都完了。

阳明先生说:"尧舜事业,何异浮云过太虚。"也就是说,治国平天下的大事业都如同天空中的云彩,虚无缥缈。相比之下,一个企业的成败又算得了什么?所以,圣人教导我们,要放下执着的心态,以出世的虚心去做入世的担当。不要把一时的成败得失看得太重。贫富穷通,都只是过眼云烟,看淡一点。《大学》里面讲,修身、齐家、治国、平天下,修身是前提。我们要做出伟大的事功,干一番惊天动地、轰轰烈烈的事业,首先必须修身。儒家讲"内圣外王",没有内圣的生命境界和人格,又怎么能做出伟大的外王事功呢?

孔子登东山而小鲁,登泰山而小天下。随着人的高度、境界不同,人的眼光和视野也就不同。登高是古代士大夫的传统,每当心情不好,愁绪满腔的时候,就登高抒怀。杜甫有诗曰:"会当凌绝顶,一览众山小。"这种生命境界,我建议大家可以自己找个机会去尝试一下,去体会一下。当你登高俯瞰深圳市区的时候,你就会感觉到,一个现代化的都市就在你的脚下,多一栋楼、少一栋楼太不重要,你是开宝马坐奔驰还是挤大巴都不重要,为什么呢?因为你境界高了,这一切都超越了。

当你有了这种超越的心态和高远的境界,困境对你来说就是小菜一碟了。"治大国如烹小鲜。"管理一个很大的国家就像炒盘小菜一样,管理一个企业又算得了什么?有了这样高远的生命境界和良好的心态,一切困难都变得微不足道了。所以调整心态,完善自己,用高远的境界来实现生命的内在超越,这是我们摆脱危机、走出困境的第一步。

二、培元固本,潜龙勿用

元就是元气,本就是根本。培元固本就是培养元气,巩固根本。"本"是企业赖以生存的主要资源和条件。潜龙勿用,就是龙在困境中潜伏下来无所作为,韬光养晦,蓄势待发。春生夏长,秋收冬藏,这是自然规律,是天道天理。春天万物复苏,夏天万物生长,秋天是收获的季节，冬天是潜藏的季节。经济危机的暴发把企业推向了寒冷的冬天。冬天来了，动物要冬眠；植物要落叶。企业的冬天来了，就要想办法越冬。

这个时候，生存是第一位的。平常说："发展才是硬道理。"这个时候应该说："生存才是硬道理。"好好活着，生存下去，比什么都强。正所谓留得青山在，不怕没柴烧。要开源节流，压缩规模，甚至壮士断臂。就好比一个人生了一场大病，就不能做剧烈的运动，也不能进行大补，按中医的说法，要培元固本。要培养自己的元气，巩固自己的根本。这就是《易经》所说的"潜龙勿用"。今天潜龙勿用，是为了明天能够"飞龙在天"。

"天行健，君子以自强不息。"自强不息，首先是强烈的生存愿望。该了的了，该断的断，该去的去，该丢的丢，不要可惜。繁盛的枝叶，对一棵树来说很重要，冬天来了还得落叶；花儿多美呀！但为了果实，花儿就必须枯萎。"无可奈何花落去，似曾相识燕归来。"该去的去了，该来的自然就会来。没有秋冬的凋零又哪会有春天的莺歌燕舞、百花齐放呢？

生存是第一位的，只要能生存下来，就有很多机会。祸福相倚，困境与机会同在。正所谓"沉舟侧畔千帆过，病树前头万木春"。大灾过后，尸横遍野，江湖上血雨腥风，这正是你攻城略地、发展事业的绝好机会。就像大海退潮以后，海滩上到处都是鱼虾、螃蟹，你就去赶海，挎着篮子去捡，能捡多少就捡多少。大灾难，就预示着大机会！灾难过后是什么？是重建、是发展，关键是你要能生存下来，等到大潮退去；否则，你就只能成为海滩上的鱼虾，被别人捡，成为别人的盘中餐。只要你生存下来，你就会成为赶海人，海滩上的鱼虾任你捡。那个时候，没有资金，银行会给你送钱；没有市场，美国、欧洲、东南亚会给你送订单。你会左右逢源，缺什么有什么，要什么有什么。那种感觉，就一个字：爽！

这一天不会遥远的。我衷心地希望我们在座的每一位企业家都能够成为"金融海啸"退潮以后海滩上的赶海人！

三、归儒宗孔，以德治企

归儒宗孔，就是回归儒家传统，奉行孔子之道。以德治企，就是用儒家价值观和伦理道德来管理自己的企业。有人说过这样一句话：儒家文化复兴的那天，就是中国企业称雄世界的时候。

中国今天的商业模式与企业文化是模仿西方，是没有根的。企业文化形同虚设，企业制度管得了人管不了心。曾经有个企业家朋友向我诉苦："周老师，我有个问题，我真的弄不明白，我的企业主管很有能力，我给他六十万元的年薪，可仍然得不到他的忠诚。"我告诉他说："这不是钱的问题，你知道吗？关羽为什么忠心耿耿地跟着刘备，是因为刘备给他几十万的年薪吗？非也！关羽有能力，曹操为了收服他，给他高官厚禄，给他赤兔马，给他金银财宝。曹操有势力，按我们今天的话说，能给他一个巨大的平台，让他尽情地施展，可为什么关羽宁愿追随刘备？而此时的刘备惶惶如丧家之犬，要人没人，要枪没枪，要地盘没地盘。为什么？就因为刘备和关羽情深义重，寝则同榻，食则同席，一张桌吃饭，一张床上睡觉，就这么简单。"

诸葛亮这样的人才，那可是大才呀，为什么也对刘备忠贞不二？就因为刘备三顾茅庐，礼贤下士，以礼相待，这叫知遇之恩！诸葛亮为报知遇之恩，鞠躬尽瘁，死而后已。五十多岁就魂归五丈原。韩信手握重兵，很多人都劝他背弃刘邦，自己做皇帝，韩信怎么说？"（汉王）解衣衣我，推食食我，其何忍心！"刘邦有衣自己不穿，却把衣服给韩信穿；刘邦有好东西自己不吃，给韩信吃，就这么简单。一件衣服、一顿好饭，就收服了一员大将。这在儒家传统中称为"以德驭人"。

仁者无敌，情义无价。你说你博弈，你竞争，我仁者无敌。我敌人都没了，还用得着博弈吗？你六十万年薪，我情义无价，皇帝都不做，你说值多少钱？得人心者得天下。"得"就是要得其心，要让对方心悦诚服。古语说得好,"士为知己者死,女为悦己者容"。只要你以德服人,以情动人,以礼待人,他就会心甘情愿替你卖命。他就能像孟子所说的那样:"贫贱不能移,富贵不能淫,威武不能屈。"

中国人与西方人是有着不同文化背景的人。西方人重合同、守契约;中国人讲仁义礼智,讲天理人情。合同对西方人来说,是神圣的,不能违背,这是西方宗教文化培养的结果。基督教的《圣经》分为《新约》《旧约》,这就是神与人签的合同,你信仰我,就能因信称义,你就能得到救赎,死后就能上天堂。所以西方人拿了工资就老老实实做事,但是八小时以外,老板要找,我不干。在美国,总统去到各州,州长不一定接待;在中国这是不可想象的。你管的是中国人,就得用中国的这一套,用西方那一套管中国人,是不会有用的,是行不通的。

山西票号,汇通天下,大家都知道。老板给伙计几十万银票,甚至上百万银票,让他去蒙古、西伯利亚、新疆这些遥远的地方做生意,一去就是一年、两年,甚至三年五载。那个时候不像今天,通信、交通那么发达,伙计忠心耿耿,绝不会携款潜逃。几年以后把本钱利润全给你抱回来。这就是中国文化的魅力,这就是儒商的驭人之道和管理之道。

在中国,红灯亮了,只要没车,照样走;在西方,红灯亮了,即便没车,他也不会走。所以,老外瞧不起中国人,说中国人没素质、不守规矩;中国人也瞧不起老外,说红灯虽然亮了,但是没车,你不走,这不是傻帽吗?这就是文化背景不同,造成人的观念不一样,思维方式也就不一样。

我们今天的企业管理,学的是西方,如激励机制、约束机制、奖金、高薪、股权、制度、法律、契约、合同等。但在中国的驭人之道中,"德、势、术、法","德"排在首位,"法"排在最后。法就是制度、是法律,在中国文化看来,这是最低级的管理方式。儒家讲"德主刑辅""明刑弼教"。法律制度,只是德治的辅助手段,教化才是最重要的。

对属下如此,对客户也是一样。在中国,不认识、不了解的人是很难做生意的。要做事,先做人;要做生意,先交朋友。朋友交好了，什么事都好说。你家中大凡小事，我都尽心尽力。你老妈生病，我鞍前马后，嘘寒问暖。朋友都做到这个份上了，你那个单不给我做，天理不容。

用儒家文化管理企业，日本人做得比我们好，三井、丰田、松下等。他们奉行儒家价值观，左手拿《论语》，右手拿算盘；拿《论语》做人，拿算盘做事。建构了一套家族企业管理模式。"家族"不是单纯血缘意义上的家族，进入企业就是一家人，掌柜、伙计、佣人都是家族成员。君臣有义，长幼有序，男女有别。老板就是家长，CEO就是管家，老板是君，君要守君道；员工是臣，臣要守臣道。君待臣以仁、以礼；臣事君以忠。年长为尊，年幼为卑，男女有别，女性应该得到更多的关爱和照顾。整个企业就像一个家庭。丰田公司还有自己的员工墓地，墓碑上写着："生前我们是丰田公司的职员，为公司的繁荣做出了辉煌的业绩；死后，我们仍聚在一起，共享天堂之乐。"每逢清明，老板带全体员工偕死者家属一同去扫墓。在这样的企业中，每个人都会有归属感，都会得到家庭式的温暖。你说，员工会轻易背叛吗？

四、引领时尚，模式再造

引领时尚产业，创造中国式的商业模式。什么是时尚？时尚就是时下的人们所崇尚、所推崇，进而做出的一种集体性选择。时尚之风在相当长的时间内会形成一种集体性消费，造就庞大的产业链。比如：股票期货、电子行业、IT产业、房地产业，都曾一度成为时尚产业。不知道在座的朋友是否认真地思考过这个问题：经济危机以后，什么产业将成为中国的时尚产业？我敢断言，经济危机以后，文化产业将成为最庞大的时尚产业！

为什么说文化产业将成为时尚产业？这是从历史文化与现实政治发展趋势得出的结论。从历史角度看，中国近代的发展必然经过三个阶段：军事立国、经济立国、文化立国。胡锦涛在党的十七大报告中指出，今后的国际竞争不仅是军事和经济的竞争，更主要的是文化竞争，并提出要复兴传统文化，加强文化软实力建设。中国政府在全球开办了四百所孔子学院，传播孔子思想和中国文化；山东曲阜祭孔大典连年升格。大力发展文化产业已经纳入国家发展战略和基本国策。可以预见，孔子必将成为这个时代最大的明星！

　　什么是文化产业？很多人认为文化产业就是书籍出版、音像制品、书画艺术品、文具用品、动漫卡通。实际并不是这样的。我在这里给大家提供一个新的观念："文化大产业"观念。文化除了本身是个产业以外，还是渗透到其他产业的重要元素，这种文化元素注入别的产业，就会形成一种新的产业模式。我把这种新的产业模式称为"文化大产业"。

　　比如酒店业，现在的酒店从装修到内部设施，从管理模式到服务方式，全都是学西方的。如果你注入中国传统文化元素，建一个儒家文化主题酒店，从建筑形式到内部装修，从设施布置到服务方式，全都体现儒家文化的内涵。海外华侨、外国来宾及所有的人走进这个酒店，就能体会到浓郁的中国儒家文化氛围，能够享受到别的酒店不能提供的文化内涵，档次又高。酒店里面还可以举办传统的中式婚礼婚宴、寿礼寿宴及传统节日庆典。你会没有生意吗？这样的酒店能不赚钱吗？我国香港、澳门、台湾地区，东南亚都没有这样的酒店。住进这样的酒店，就有一种超越时空的感觉。创办这样的酒店，你想不发财都不行！

　　比如你是做电子产品的，海外那么多孔子学院，学汉语、学中国文化在西方已成为时尚。中国文化不好学，为什么不开发这样快捷方便的软件，生产这种便携式的中国文化学习机，老外拿着它就可以了解中国的语言、历史、文化、风土人情、旅游资源，图文并茂，甚至还有动漫、同声传译，老外拿着它就可走遍全中国。这是电子产业还是文化产业？

　　再比如一个简单的茶杯，你把它做得古色古香，印上几段《论语》，你说儒家文化主题酒店要不要？孔子学院要不要？学中国文化的老外们要不要？还有那些搞室内装修的，总是把中国人的住房装修成酒吧和咖啡吧。你如果注入传统文化元素，把房屋装修得更有中国文化品味，难道没有市场吗？

哪一个企业有眼光和魄力，能率先引领时尚，从事文化产业，哪个企业就会成为最大的受益者！甚至成为这个产业的"领头羊"和"巨无霸"。

这就是文化大产业！这就是我今天给大家讲的新思维、新观念。希望能对大家有所启发。至于能不能发财，能不能走出一条新路，把自己的企业打造成一个百年老店？就要看我们自己了。我建议大家，不要想去跟洋鬼子争什么"五百强"，而应该让我们的企业"再活五百年"。

只要大家需要儒家文化资源，需要用儒家传统来管理企业、教化员工，我们孔教学院和儒家文化联合会愿意为大家服务。我们推出了"企业儒商文化建设与管理咨询"系列服务项目，其中包括：儒商企业文化建设、儒商企业制度与规范建构、儒商企业人力资源管理、儒家文化产业项目策划等。我们愿与大家一起共创文化大产业的美好明天！

2008年是不同寻常的一年，不仅是因为金融危机，更重要的是，2008年还是中国的圣人王阳明先生成道五百周年的日子。孟子说："五百年必有王者兴。"2008年，标志着中国文化复兴的时代已经到来。我衷心地希望大家都能够参与到复兴传统的伟大事业中来，为中华民族的崛起而共同奋斗！在成就民族复兴大业的同时，也成就我们自己，成就我们的企业！

最后，我用英国著名诗人雪莱的一句话来结束我今天的演讲："冬天来了，春天还会远吗？"

周北辰访谈录

时　间：2011 年 8 月 19 日
地　点：深圳孔圣堂
参与者：周北辰（以下简称"周"）/ 深圳孔圣堂主事
　　　　崔晓姣（以下简称"崔"）/ 中国人民大学《儒教年鉴》
　　　　编辑

崔：周老师，您好，很高兴您能接受中国人民大学孔子研究院《儒教年鉴》的采访。首先问一个关于您个人的问题，您是如何皈依儒家，并走上弘扬儒学之路的呢？

周：这个问题说来话长，到现在为止，整个过程大约有二十多年了。刚开始的时候，我心里并没有儒学的概念，因为我们一直以来所接受的都是新式的现代教育，所以以前我对儒学也不太了解。后来我走向儒学并最终皈依儒家，经历了一个较长的过程。

在读大学的时候，我就对中国传统文化比较感兴趣。那个时候，我一边学习大学的课程，一边自学中国传统的一些经典，如"四书""五经"、《老子》《庄子》等。但在当时，这只能算是一种兴趣爱好。大学毕业以后，我也一直没有中断对传统文化的学习。在这里，为什么我一直强调是"传统文化"？因为在那个阶段，我只是把所学的这些当作"传统文化"，当时我并不了解"儒学"这个概念，更不要提儒家了。

当时为什么要学传统文化呢？按照现在的话来说，因为我心里一直在寻求真理。在寻求真理的过程中，和大多数人一样，一开始我也认为真理在西方，我学习了西方哲学、西方思想史、西方政治学等，也对西方的历史做了一些了解和学习。在学习的过程中，我渐渐发现，真理并不在西方。为什么这样说呢？因为我们中国人是在自己的历史文化环境和背景中成长起来的，西方的东西在中国存在文化认同的问题，始终有一定的文化隔膜。因为这个原因，我就开始治中学，学习传统文化。后来因为一个偶然的因素，我接触了新儒家，新儒家为我打开了一个新的视野。我接触新儒家的时间，大概在20世纪90年代初期。经过四五年对新儒家的学习和研究，我发现新儒家也有问题。实际上，新儒家的根本价值还是在西方，如新儒家讲返本开新、老"内圣"开新"外王"，所谓的"开新"实际上并不是开新，而是把民主、科学当作终极价值。无论是在思想领域还是在社会政治领域，新儒家都是把民主、科学当作终极价值，这不是开新，而是西化的另一种解释体系。在新儒家那里，西学和西方价值是主导，甚至西方的解释体系和解释方式也是主导，中国文化成了被解释的对象。

经过几年对新儒家的学习研究，我发现自己走进了一个死胡同，钻不出来，我为此困惑了好久。后来，一个偶然的机会，我在书店发现了一本书——《公羊学引论》，这本书是蒋庆先生的第一本专著。这本书的一开篇就讲到"公羊学的焦虑是制度性的焦虑"。读了这本书以后，我觉得我发现了我一直苦苦追寻的东西。

我一口气把《公羊学引论》读了好几遍。读过几遍之后，我很有体会，后来就和蒋先生在书信上进行了一些交流。那时，"国学热"还没有兴起，更不要说儒学。当时，自己在精神上的求索也是很孤独的，周围没有同道，从书籍中也找不到自己想要追寻的东西，突然遇到了蒋先生，我觉得我们在精神上很契合，就开始和蒋先生进行一些电话和书信的往来。后来，我得知蒋先生要在贵州建阳明精舍，重建儒家道场，我就开始追随蒋先生一起创办阳明精舍。

那是1995年，阳明精舍的创建过程前后持续了十年，经过十年时间达到了现在的规模。在修建精舍的过程中，因为资金上的问题，只能"化一点缘"就修一点，断断续续地修。那时候，蒋先生每年大概要在贵州待半年左右主持修建，我一个人陪着蒋先生，基本上从早到晚都在听蒋先生讲道。就这样，从1995年一直持续到2004年，在山中，在阳明精舍师从蒋先生求学问道，让我受益匪浅。通过蒋先生的讲明正学，我开始慢慢地被真正引入了儒门，并最终皈依儒门。

在这个过程中除了跟从蒋先生学习之外，我和蒋先生也进行了一些探讨，其中包括我现在正在研究的一个方向——儒商管理学。

中国没有自己的管理学学科建构，也没有中国特色的管理模式。日本有日本自己的管理模式，中国却没有。我们的管理模式全部都是学习西方的，我们的管理学理论也是照搬西方的。西方管理学是西方文化的产物，把它拿到中国来，遭受了文化的排异，所以在管理学界和企业界普遍有这样一种现象——西方的制度在中国似乎有些"水土不服"，管人管得住，管心管不住。因此，我就开始思考关于中国式管理学的问题。这也属于制度性的建构，因为现在是商业社会，所以商业制度体系的建构、管理模式的建构都属于制度建构，同时它们也是公羊学在现代商业社会的一种具体的改制与创制的诉求。总的说来，我皈依儒门、弘扬儒学，大致就经历了这样一个过程。

崔：您的"心路历程"和现在很多治中学的学者有着相似之处，都是由西入中。

周：没错。以前的一些先贤,如梁漱溟等都是由佛入儒。而现在，许多走向传统的学者都是由西入儒。因为我们在这一百多年以来总是以为真理在西方，所以都向西方求真理。我以前就花了很多时间治西学，从读大学开始，一直到大学毕业之后很多年都是主要在治西学，包括西方的哲学、历史、思想史、政治学等。那时我总是想通过学习西学而寻求真理。但后来我发现西方文化是有问题的，并且问题还不小。

崔：那您在深圳建孔圣堂，是否也是基于刚才您谈论皈依儒家过程中所提到的那两个主要问题？

周：对！我始终有一个愿望，就是要为重建中华民族的精神家园，为重建一种美好的社会秩序和模式做出自己的贡献。不管是从思考方面入手，还是从写作方面入手，或者是从社会实践入手，这些始终都是要去做的。阳明先生讲的"知行合一"，就是说明白了一个道理就要去做，知道了就要行，知而不行只是未知，并不能算作真知。"知是行之始，行是知之成"，如果不去践行，这个"知"就是没有意义的，因为它不能被落实下来。所以，必须要去实践。

我们现在要复兴儒家传统，仅仅靠写一些文章，出几本书，搞点研讨是远远不够的，这些虽然也需要，但毕竟与老百姓，与社会政治以及人们的信仰并没有太多的直接关系。儒学、传统文化要复兴，就必须要实现生活化、生命化和社会化。

所谓"生活化"，就是要让我们在日常生活中，学习工作的环境都是儒化的环境，让它成为中国人的生活方式。所谓"生命化"，就是说儒学必须要进入我们的生命，成为我们安身立命的根本，我们要按照儒家的理念来培育和教化人，来塑造中国人的生命人格。所谓"社会化"，就是社会制度、社会规范、社会秩序的建构一定要以儒家的根本义理价值为基础。

没有价值的源头，我们就无从进行制度建构，没有价值源头的制度只能是"空中楼阁"。比如说，刚才我提到企业管理模式与管理制度的建构，要建构中国式的管理制度，首先就要确立中国特色管理模式和制度的价值基础，没有价值基础就无法建构制度体系和模式。我们知道，西方的管理模式是有其核心价值体系和信仰体系的，基督教伦理就是它的核心价值体系。如果没有基督新教和新教伦理，就不会有资本主义精神。如果没有资本主义精神作为支撑，资本主义制度的有效性就会大打折扣。比尔·盖茨、洛克菲勒、巴菲特等人之所以能够成为一流企业家，正是因为他们有基督教徒的人格风范。正是因为基督新教和新教伦理，才有了比尔·盖茨、洛克菲勒、巴菲特这样的教徒式企业家。如果没有伦理道德作为其精神生命的支撑，是不可能有这种人格风范的。

而要重建精神家园，就要传道讲学，讲明孔子真正的思想和学问。现在有些讲儒家思想的，并没有理解孔子的真精神。儒家需要道场，但是我们没有书院，没有孔庙，怎么办呢？现在仅有的几个书院和孔庙都被当作景点来售卖门票进行创收。在这种情况下，我们就只有自己想办法创建道场，例如，蒋先生所创建的阳明精舍。但阳明精舍的性质是一个高端的学术研究场所和守道之处，它是守道的地方，因而它建在山中。守道要在深山之中，但是传道不能在深山之中，而要在大都市，所以传道的道场孔圣堂建在了深圳，建在了中国最现代化的地方。

基于这样的目的，我们在部分儒家学者和儒商企业家支持之下，共同选择了在深圳这样一个经济特区来创建儒家的道场，这个道场就是孔圣堂。"孔圣堂"这三个字是前文化部副部长高占祥先生题写的，高部长还兼任孔圣堂理事会理事长，他很支持我们的活动。另外，深圳也有很多儒商企业家支持我们创办孔圣堂。孔圣堂现在有八名专职人员、二十多名兼职人员，规模是不小的。我们现在每周都要做很多活动。虽然孔圣堂的规模现在还不算很大，但在创办不到两年的时间里，孔圣堂在海内外都产生了一定的影响，大家纷纷来孔圣堂和我们交流，希望我们也能够去海外办道场、办孔圣堂。

孔子要改制立法，综合三代，我们现在也需要改制，因为儒学从来没有碰到过现代社会的种种问题，孔子也不知道我们今天有商品经济、市场经济，有欧洲的文明进入中国，所以现今我们只能是依据基本义理来应对现代社会的问题。要"应对"，就必须要拿出建设性的文化创造，这个文化创造就是孔圣堂和以孔圣堂为基础的"儒学复兴的深圳模式"，这就是我们在深圳创办孔圣堂的目的。

当然，这个目的并非只是在深圳创办孔圣堂就算是达成了的。孔圣堂的模式一旦完成，我们就要在全国各个城市乃至海外有华人的地方都建立孔圣堂，这才是我们的最终目标，要把儒学的道场开遍全国，开遍全世界，要让所有的华人都能够重新拥有我们自己的精神家园，找回我们的精神文化之根！

崔：在采访您之前，我心里一直有一个疑问，通过您刚才的谈话，这个疑问解决了一部分，但还没有完全解决。在得知孔圣堂建立在深圳时，我一方面感到很振奋，另一方面也很困惑。因为您知道，深圳是一个以追求经济效益为主的城市，对于和文化有关的活动，大家似乎都不是那么关心，兴趣也不大。前几天我去深圳几个主要的书店逛了逛，很遗憾地发现里面的古籍和学术类书籍都非常少，深圳最大的购书中心甚至连中华书局的那套《新编诸子集成》都没有，我当时觉得非常失望。您是出于什么样的考虑选择在深圳这样一个城市建立孔圣堂的呢？为什么不选择像北京、西安这样文化积淀比较深厚的城市呢？

周：这里有两个因素。你刚才也提到了深圳的现状，深圳是一个新兴城市，是从小渔村发展起来的一个现代化都市，深圳模式代表了中国改革开放三十年的方向。由于深圳没有文化积淀，并且只有短短的三十年的历史，所以也就没有"地域性的文化"。你刚才提到北京和西安的"文化积淀"，我把它称为"地域性的文化"。深圳有一千多万人口，其中绝大多数都是外来的移民，他们来自全国各地乃至世界各地，都是怀着自己的梦想来到这里的，都希望能够在深圳这座城市创建一番事业。总的说来，他们的文化素质都不差。

当然，你刚才提到的这种状况在深圳确实是存在的。由于深圳没有历史文化积淀，人们来到这里都是怀着在现代化社会寻求发展的目标，说得世俗一点，都是希望能够在深圳赚钱。其实这也没有什么讳言的，百姓求富贵本来就是很正常的事情，孔子认为庶民求富贵这是天经地义的。"既庶矣，则富之。""既富矣，则教之。"如果连吃饭的问题都解决不了，连住房都不能购买，你还要去对他实行教化，这对于普通人来说还是有些困难的。"无恒产而有恒心者，惟士为能。"只有士大夫、士君子才能达到这样的高度，对于一般的黎民百姓，儒家并不做这样的要求，儒家首先是要让百姓富起来，藏富于民，在让老百姓富裕的基础之上，儒家才会谈教化百姓。深圳的情况正是如此，大家来到深圳是为了求富贵，所以深圳的整个城市建设和城市管理在相当长的一个时期内都是会以经济建设为目标。

也是因为这样，在深圳的城市文化规划建设上，自然会出现你所提到的状况。书店里的古籍和哲学书很少，因为很少有人阅读这类书，经营者觉得这些书拿来卖不掉，所以就去卖一些工具性的书，大家也就都读一些工具性的书，精神食粮的问题绝大部分人都暂时关心不了。但是我们知道，人本来就是精神动物，生来就有追寻精神家园的诉求和精神安顿的诉求。虽然在一段时间之内，我们因为生计问题而暂时抛开了精神的问题，但是一旦生计问题得到了解决，人的精神需求就彰显出来了。我们用粮食来打个比方，肉体需要粮食，精神同样也需要粮食，人同时需要精神食粮和物质食粮，但首先需要的是物质食粮。当物质食粮得到了满足之后，精神食粮的需求就凸显出来了。

现在深圳正是处于这样的状况，人们越是有钱，精神的需求就越强烈，而这个城市并不能满足他们精神需求。如果按照市场规律来说，深圳是不是在精神需求、文化需求方面供求紧张呢？深圳是不是一个精神需求拥有广阔市场的地方呢？在这样一个地方，精神家园的建设是不是很具备可能性呢？当然如此！这恰恰符合市场规律了，哪个地方最缺少什么，什么就在那里最有市场。

以前，我跟你的想法一样，文化的建构就应该到文化中心去进行。我当时所想的还不是像北京、西安这样的城市，我直接去了曲阜，因为那里是圣城。我在曲阜待了两年的时间，2006年和2007年我都在曲阜，在曲阜办儒家的道场传道。但是，非常遗憾，在这两年里，传道的效果并不好，道场办不起来，各个方面也打不开局面。为什么会这样呢？一方面，曲阜还是太小；另一方面，在曲阜，从地方政府到普通老百姓的精神需求，尤其是对儒家义理的追求似乎并不那么强烈。在曲阜的财政收入中,"三孔"旅游业占了相当大的部分,可以说是孔子两千年后还养活着一个曲阜市。在曲阜,更多的是文化搭台、经济唱戏,以祭孔为形式,以招商为目的,我对此感到非常失望。我的目标不是文化搭台,让经济唱戏,而是要重建儒学的道场,重新讲明正学,复兴传统,以期重建中华民族的精神家园,让百姓都能够安身立命,这是我作为一个现代儒者的心愿和担当。因此,在曲阜待了两年之后,我来到了深圳。

从曲阜到深圳,可以说是很戏剧性的变化,从文化象征的至高点一下子来到一个商业发达的现代窗口,这是两个极端。为什么我在曲阜打不开局面,在深圳短短一两年之内就能把孔圣堂办得有声有色呢?正是因为深圳有精神市场需求。一千多万深圳人都是无根的,在深圳,他们找不到归宿,越是无根,越是找不到归宿,飘零的感觉就越强,这就是我们常说的精神上、灵魂上的"流浪汉"。到深圳建构精神家园,你说他们欢迎不欢迎呢?

另外,深圳是个"桥头堡",背靠大陆,面向港台和整个东南亚华人区。东南亚华人区号称是"儒家文化圈",印度尼西亚、越南、新加坡很多华人都信奉儒学,深圳和那边的接触比内地要多。因此,我在孔圣堂举办活动,东南亚那边会有人过来。再者,深圳是中国改革开放三十年来的"样板",被称作"中国改革开放的排头兵"。深圳是要创模式的,这三十年以来,深圳创立了中国经济建设的模式。我觉得,深圳还应该有另外一个使命,就是在未来的三十年里创建民族精神文化复兴的"深圳模式",这个模式只能从深圳开始。因为深圳是新兴城市,居民有活力、有激情、有需求。深圳未来的三十年,是文化立市的三十年。在前三十年,GDP是立市之本。文化的核心正是孔子。文化立市,打造文化强市现在已经成为深圳市政府的战略规划。

儒学在今天的复兴,是将儒家文化在农耕文明时期的外在形式重建为在现代商业社会时期的外在形式。如果没有外在形式,文化就没有载体和依托,所谓"改制立法""制礼作乐"都属于外在的形式。我们今天所要做的，也正是重建儒家文化在现代商业社会的外在形式，这也是孔圣堂的使命。

崔：刚才您提到在治儒学二十几年中，主要都是在讲圣人的思想，阐述圣人的观点，这也可以算是"述而不作，信而好古"了。

周：我所做的工作是一种"述"。"述而不作"是在道的层面上来讲的，道是永恒的，天道、天理、天命是安排好了的，我们每个人都有自己的"天命"。天命、天道不是我们某个人可以做得了主的，它们都是基本价值、核心价值、超越价值。对于"道"，我们只能"述"而不能作。但是，我们有必须要做的，那就是以圣人之道作为核心价值的一种文化创造，林毓生将其解释为"中国传统的创造性转化"，杜维明所说的"现代转化"也是这个意思。我们必须要明白，这个"转化"只是在形式上进行转化，其内在精神是不能进行创造，不能转化的。像仁义礼智、忠孝诚信等核心价值，是不能够再去创造的，我们只能在它们的基础之上去创造一种外在的模式。我一直以来所强调的是，我们不应该只停留在言说的阶段，关键还是要付诸实践，圣人云："仁以为己任，不亦重乎？死而后已，不亦远乎？"我们必须要有这种担当，要去实践，否则也就没有实质性的意义了。

崔：您刚才提到在曲阜的两年时间里推行儒学的效果并不是很好，整个弘道过程也不是很顺利，这让我想到了前段时间的曲阜"大教堂事件"。您对这件事有所了解吗？您怎么看待这件事情？

周：当然了解。得知曲阜要建大教堂，我们孔圣堂首先发起了征集签名以表示反对的活动。我们以孔圣堂的名义向学者们发函征集意见，以反对在曲阜建大教堂。我们认为，在曲阜建基督教大教堂是域外宗教对本土信仰的一种挑衅。

为什么这么说呢？教堂建在曲阜，并且还要建成全中国最大的基督教堂，原因何在？曲阜只是一个规模很小的县城，有什么理由在那里建全中国最大的教堂呢？教堂的规模只是一方面问题，问题的实质更在于文化象征层面上的意义，这无疑是对儒学的一种挑衅。另外，教堂的容量不多不少，正好可容纳三千人，这不正是针对孔子三千弟子而来的吗？

所以，在曲阜建大教堂是千万不能做的。如果谁这样做了，他一定会成为千古罪人。不过，我相信，如果教堂真的建了起来，迟早也一定会被拆掉的！不建教堂，一方面可以避免损失，另一方面也可以避免造成更加剧烈的文化冲突。中国本土文化和外来文化的关系，就像是主客关系，作为客人，却要来挑衅主人，非常没有礼貌，反客为主，这当然是不对的。儒家倡导和谐，讲"和而不同"，基督教和儒家作为两种不同的文明，首先应当尊重彼此的差异性价值和文化独特性，其次应当和谐相处，这才是正确的做法。

得知了这件事情之后，我们就立刻开始以孔圣堂的名义向全国的学者们征集意见和签名以表示反对，后来，签名者越来越多。最后，产生了实质性的效果，当时的山东省和济宁市政府被责令妥善处理这件事情，教堂暂时停建。教堂一停建，问题就好办了，教堂本来都已经奠基了，奠基仪式也已经举行过了，但我想，只要是停建了，就肯定会永远停下来。

崔：听您介绍了孔圣堂目前兴旺发展的局面，感到很振奋。是否可以向我们具体介绍一下孔圣堂这两年以来举办的活动呢？

周：到现在为止，孔圣堂建立已经快两年了。在我的计划中，预计再用三年左右的时间完善"儒学复兴的深圳孔圣堂模式"。我们现在所开展的活动，都是围绕着这个模式来进行的。这个模式是前人所没有实行过的，我们是在儒学义理的价值基础之上来进行一种创制。

我们现在举办的活动主要是围绕下面三个方面来进行的。

第一，讲明正学。我们要将儒家传统的真学问，孔子的真思想、真精神传播到老百姓当中去，乃至传播到全天下。现在网络上和大众媒体有许多对于儒家思想的错误解读，我们必须要加以纠正。

第二，我们要摸索出一种传道讲学的模式。我们需要探索，以

| 守望精神家园

怎样的方式来传道才能使得老百姓喜欢听、听得懂，并且能接受。怎样将高深的经典义理用深入浅出的、百姓所喜闻乐见的方式传播开来，这也是我这几年来都在进行的工作。我授课的对象，有高级知识分子、企业家、官员、公务员、大学生，也有中小学生和社区的一些老人。我并没有依据他们的年龄和身份而分开授课，而是把他们集中在一起授课，他们都能够接受我所讲的内容，这就是一种讲道的模式。这个传道讲学的模式是非常重要的，可以看作现代社会的教化模式。经过多年的教学，我已经基本上摸索出这种模式来了。

第三，我们要重建外在的"文"，即儒家的礼乐。从服装到礼仪、礼具、祭祀的整个流程安排等，都是需要我们去重建的。比如说，我们奏《诗经》，就需要乐曲和乐谱，还需要选定一些唱诵的内容，并且要明白这些内容所包含的意义。这些重建的工作以前并没有人做过，现在我们要把它承担下来。我们还举办了儒家的婚礼、告拜礼、开笔礼、归宗礼等。

当然完全照搬传统的礼仪也是行不通的，圣人也曾经讲过，礼需要"因时因势"，这就是所谓的"时中"，我们需要这种"时中"的智慧。如果我们所要重建的这个外在的"文"不符合现代社会的需要，人们就接受不了。例如，以前的祭祀需要杀猪宰羊，并且宰杀的数目通常还比较多，这种做法在现代肯定是不行的，所以我们必须要因时制礼。

我上面所提到的这些都是孔圣堂现在在做的事情。另外，最近我还准备把我们孔圣堂所在的深圳东湖公园改造、提升成为儒家文化主题公园。这个计划已经经过了专家的论证，正准备向深圳市委、市政府汇报。如果能够实现的话，我们儒家文化的传播也就又多了一个场所，我们打算在其中建立孔子博物馆、儒学图书馆以及儒学文化传播中心。有了这些，整个公园都会成为儒学的道场。

崔：对于近年来孔圣堂所举办的这些活动，深圳市委、市政府、媒体以及民众的接受度和反响怎么样呢？

周：就这两年的活动而言，各个阶层和领域都是持认同、支持和欢迎的态度。首先，深圳市委、市政府对于孔圣堂的工作给予了高度的评价和大力支持。我们孔圣堂在注册时，单位性质是民办非企业单位，我们的主管单位是深圳市文体旅游局。按照深圳市政府的规定，像孔圣堂这种性质的单位在深圳只能注册一家，别的单位不可能再注册了。具体就活动而言，去年，孔圣堂在深圳举办了"孔子文化节"，深圳市委、市政府有一名常委参加了我们的活动。除了广东省和深圳市委、市政府的支持之外，我们也得到了国家文化部、中宣部、国家工商联、国家宗教局的支持。今年，我们将举办规模更为宏大的"孔子文化节"。

其次，孔圣堂也得到了深圳一些商会和企业的大力支持，我们举办"孔子文化节"，各商会和企业为我们提供了资金支持。与此同时，孔圣堂对于这些商会和企业也会有所回馈，我们会帮助他们进行企业文化建设，传播中国式管理的规范等。

再者，新闻媒体对于我们的活动也是十分关注的。孔圣堂所举办的活动，无论是电视媒体还是平面媒体都会予以关注和报道。除了深圳市委、市政府、商会、企业、媒体之外，民众对于我们的活动也是非常支持的。虽然孔圣堂刚开始在深圳东湖公园建立的时候是受到排斥的，但我们每周都会组织各种活动，每年都会举办"孔子文化节"，通过这些举措，我们逐渐得到了民众的欢迎和支持。我始终相信，我们实实在在地去做事，把事情都做好，把资源都整合好，慢慢地，我们会强大起来。总的说来，社会各界对孔圣堂近两年来所举办的活动都给予了很高的评价和很大的支持。我认为，儒家文化的事业，是我们全天下人的事业，是政府的事业，也是全社会的事业，孔圣堂所起的只不过是一个牵头的作用，许多事情还是需要大家共同努力。

崔：我在孔圣堂的网站上看到了关于儒式婚礼的介绍，以及婚礼现场的一些图片，也看到了大家对于孔圣堂所举办的儒式婚礼的评论，很多人都觉得这样的婚礼形式很不错。您认为，通过诸如儒式婚礼这样的活动，是不是能够使儒学真正得以在民众中扎根并发展起来呢？

周： 总体方向肯定如此，这叫作"制礼作乐""复古更化"。只有这样，我们才能化民成俗。诸如婚礼、丧礼之类的活动，都是通过礼乐来教化百姓的。以婚礼为例，夫妻二人在天地、祖先、圣人神灵的面前立过誓言，举行过神圣庄严的仪式，两个人的婚姻也因此而具有一定的神圣性。较之于古代的婚礼形式而言，我们现在结婚通常是请婚庆公司的主持人来主持，亲戚朋友在一起吃喝一番，然后在洞房里瞎起哄一番，这样的婚姻是不具备像古代婚礼那样的神圣性的。因此，离婚也就变得轻易多了。

所谓"慎终追远，民德归厚"，在面对神灵之时，我们必须要慎终追远，也只有这样，"民德"才能"归厚"。如果老百姓都没有信仰，天不怕地不怕，我们的社会如何能够建设得好呢？所以我们必须要重建信仰，让百姓重新拥有对神灵、对神圣的敬畏之心，只有这样，百姓才会有德，一个没有敬畏之心的人是不可能有德的。复古更化是一个漫长的过程，但它也是最有效的。

对此，我还提出了儒学的"三进运动"，进社区、进学校、进企业。当然，"三进运动"的推行可能会经历一个比较艰难而漫长的过程，但我们的方向是正确的，希望也还是有的，我们正在逐步朝着这个目标迈进。

崔： 您如何看待儒学的发展前景呢？

周： 我们可以从两个方面来看儒学的发展前景。首先，儒学的发展是大势所趋。中华民族需要精神家园，而我们民族共同的精神家园只有儒学能够提供。儒学的重建必然会逐步得到社会各阶层和各领域的认识、接纳。

通过这两年孔圣堂在深圳的实践也证明了这一点，我们在短短的时间里就得到了广泛的认同和支持。现在，很多人都有一种误会，认为我们老百姓都喜欢通俗浅显的东西，其实，高品质的精神食粮大家也都是需要的，绝大多数的电视节目和畅销书籍都无法为我们提供高品质的精神食粮，只有从事精神文化创造的人才能提供。但是绝大多数从事精神文化创造的人都在大学或者文化机构中，都没有走向大众媒体和社会。所以，我们孔圣堂就要担当起这个责任，把儒学作为高品质的精神食粮提供给老百姓。

从上面所讲的角度来看，儒学复兴是大有希望的。但从另外一个角度来看，儒学复兴也是困难重重的。困难重重的原因在于我们没有足够的资源。在这里，我所讲的资源是多方面的，比如说，政府现在虽然已经认同了儒学的价值，但还没有给予儒学更多的支持，我们必须做出更大的成绩，以得到更为广泛的认同和更多的支持。

另外，我们现在也没有足够的资金支持，人才也比较匮乏，我们需要一步步进行整合和聚集。我认为，只要我们把孔圣堂这个平台建立好，并且以它为依托，将方方面面的资源整合好，就会形成一股合力，使得儒学能够蓬勃发展。总体说来，我们目前的困难还很多，资源还很匮乏，但是我们有很多潜在的资源，我们需要努力对这些资源进行整合以形成合力，从而有效推进儒学复兴的伟大事业。

阳明精舍序[*]

维孔元二五四九年[①]，岁在丁丑，三秋之初。辰随蒋公会于龙场圣地之阳明精舍。群儒咸集，长少有序。观山形水势，廓然有怀，咏而序之。

方离松径，忽见碧潭。极目处，烟锁云封；心旷时，雾雨空蒙。闻山气之清新兮，知圣地之未污；听山音之的的兮，识万物之有灵。嗟远山之苍苍兮，翘首指乎云天；俯绿水之渺渺兮，乘搓上乎星汉。面山之有大鹏兮，抟扶摇而上青云[②]；临水之有玉盘兮，步蟾宫以折丹桂。紫云阙兮霞城，昆仑山兮玄圃；听素女兮轻歌，奏箫韶兮兽舞[③]。地偏人善兮，草舍柴扉；聚散恍惚兮，蓼汀鹤渚。牧童横笛兮，村姑浣纱；三秋红叶兮，十里稻花。

武陵茅舍，鸡鸣犬吠之家；岳麓嵩阳[④]，物我两忘之地。东面时来紫气，门前常过青牛。鹅湖圣会，此地有道范儒宗；白鹿幽洞，其

---

[*] 《阳明精舍序》：即《阳明精舍诗序》。阳明精舍，位于贵州修文县城外原王阳明先生谪居讲学之龙岗书院附近，为大陆学者蒋庆先生治学守道，修心课徒之所。诗、序均为蒋之学生周北辰于公元1997年秋精舍首期工程竣工时所作。

① 孔元二五四九年：即公元1997年。

② "面山"句：阳明精舍面山临水，所面之山形似大鹏展翅。

③ "紫云"二句：紫云阙、碧霞城均为传说中神仙居所。玄圃，古仙山。素女，古仙女。箫韶，《史记·夏本纪》："《箫韶》九成，凤凰来仪，百兽率舞。"

④ 岳麓嵩阳：岳麓书院，嵩阳书院，前者位于长沙岳麓山，后者位于河南登封太室山，均为宋朝四大书院之一。

间隐万世师表。① 阆苑蓬莱,济苍生高士可有灵药?良知公羊,担大道今贤重开儒门。握发吐甫,王者之风;箪食瓢饮,圣人之乐。② 融贯中西,张先生之文风;《论语》算盘,永庆公之韬略。③ 谏迎佛骨,斥异端韩子何在?重塑圣像,弘道统蒋公其谁?④

孔壁檀架,列圣人今古之书;紫竹宝筒,盛老杜风雨之笔。⑤ 和风至兮,花香袭人;微雨来斯,燕斜纷纷。幽窗棋罢,池边听伯牙鼓琴;朱门半开,榻上有孔明高卧。煮梅酒以联对,问桃花而得诗;歌五柳而就菊,行曲径以通幽。杜康无消愁之功,东篱有怡然之用。孤馆春寒,鼎炉之茶烟犹绿;新芽初绽,枝头有融雪未消。秋听落叶,夏闻虫语。谈天说地,敬往圣而慕斯文;厚古薄今,品元学而责乱世。

诗酒琴棋,淡泊疏慵;湖畔清谈,乐以忘忧。农家浊酒,陶令闲话桑麻;谢公木屐,诗仙不厌敬亭⑥。仙鹤去矣,岸沙爪印犹存,玉兔来兮,月影万古如斯。樊迟学稼,莫到此间;程门立雪,有缘得入。⑦

郁郁龙岗,凄凄危亭。春去秋来,看荣枯之轮回;云开雾散,叹天地之无穷。山高路远,谁悲谪居之人?荆棘蛇虺,地欺他乡之客。

---

① "鹅湖"二句:"鹅湖圣会",南宋孝宗淳熙二年,吕祖谦、朱熹、陆九渊等在江西铅山鹅湖寺举行的学术讨论会。白鹿洞,即白鹿洞书院,位于江西庐山五老峰南麓,宋初四大书院之一。

② "握发"二句:《韩诗外传》载,周公秉政,一沐三握发,一饭三吐甫,唯恐失天下贤士。箪食瓢饮,《论语》:"贤哉,回也!一箪食,一瓢饮,在陋巷,人不堪其忧,回也不改其乐。"

③ "融贯"二句:张先生,今人张建建,贵州学者。永庆公,今人王永庆,士魂商才,身在商海,心归儒门。

④ "谏迎"二句:谏迎佛骨,元和十四年,唐宪宗欲迎法门寺佛骨入宫供养,韩愈上《谏迎佛骨书》,宪宗怒,贬韩愈为潮州刺史,此举影响甚大。重塑圣像,蒋庆先生接缘筹资巨万,翻修龙岗书院并为王阳明先生塑青铜圣像,再开儒门。

⑤ "孔壁"二句:西汉景帝末年,在孔氏墙壁中发现古文《尚书》及其他经典。老杜,杜甫,其诗曰:"落笔惊风雨,诗成泣鬼神。"

⑥ "谢公"句:李白诗:"脚著谢公屐,身登青云梯。""相看两不厌,只有敬亭山。"

⑦ "樊迟"二句:《论语》载:樊迟请学稼,子曰:"小人哉,樊须也。"《宋史·杨时传》载,杨时拜程颐,程已睡,杨立一旁待程醒,门外积雪已厚愈一尺,杨师程,后为名儒。

八方周游，孔圣人列国不遇；洞穴遗爱，王文成①南天课徒。居夷处困，地本无心；悟道边陲，苍天有眼。身兼三不朽②，光照万代人。燕泥蛛网，轩室何陋之有？拨乱升平，亭阁不乏君子。③叔孙氏之制礼，儒与守成；燕昭王之筑台，招贤雪恨。④《论语》半部，赵丞相临朝如流⑤；罢黜百家，汉武帝文统天下。孟母择邻，以有亚圣；三武辟佛⑥，休言未可。孔融非孝，以名教之日颓；贾谊过秦，因礼乐之俱废。⑦天泉证道，王门无心科举；⑧公车上书，儒生有意经邦。

朝云暮雨，峰翠霞红；画栋飞阁，绿波苍穹。嗟夫！江南千江水，王运已书汗青；云贵万重山，灵气咸归此地。⑨堂上金炉，不断千年圣火；牌前玉盏，常明万岁儒灯。

呜呼！此情此境，斯文斯人，闻则鲜有不仰之慕之者，见则鲜有不好之乐之者也。

周北辰
丁丑年秋于贵阳思贤山

---

① 王文成：王阳明先生，谥文成公。
② 三不朽：立德、立功、立言为不朽之圣事，阳明先生品德、事功、学问均为第一等。
③ "燕泥"二句：隋人薛道衡诗曰："暗牖悬蛛网，空梁落燕泥。"子曰："君子居之，何陋之有？"龙岗书院有"何陋轩""君子亭"。
④ "叔孙"二句：西汉初年，叔孙通谏高祖："儒生难于进取，可与守成。"遂制汉初朝仪，恢复儒家礼制。战国后期，燕昭王筑黄金台，尊师礼贤，发愤图强，终于击败齐国。
⑤ 赵丞相：宋丞相赵普，读《论语》，"次日临政，处决如流"。
⑥ 三武辟佛：即佛教史上的"三武之难"，北魏太武帝，北周武帝，唐武宗，召令灭佛的法难。
⑦ "孔融"二句：东汉末年，孔融对"孝道"提出非难疑问，实针对当时极端虚伪和形式化的名教礼法。贾谊作《过秦论》，认为秦之速亡在于不知攻守异术，取天下后不施礼乐、行仁政。
⑧ "天泉"句：明嘉靖六年，阳明先生于天泉桥上与其弟子钱德洪、王畿就王门四句教进行的答辩。其弟子从师研习心学，放弃应试机会。
⑨ "江南"二句：明朝刘伯温言："江南千江水，云贵万重山，五百年后云贵赛江南。"迄今已五百年也，其言或可应乎？

圣陶诗稿

周北辰

咏阳明精舍（一）

舍幽居静胜蓬莱，满院晴光满院苔。
天外云花仙道种，庭前桃李后儒栽。
三秋雨后愁思去，十里风吹好梦来。
借问高人为底隐？独担大道课英才。

咏阳明精舍（二）

日落炊烟外，荒村一径遥。
风清无过客，山晚有归樵。
雅舍藏书剑，寒灯照砚毫。
农家新酿好，高士乐箪瓢。

幽居

小园寂寞夜，老树挂银盘。
握笔临风写，操琴对月弹。
举杯邀竹饮，枕卷伴花眠。
莫问穷通事，逍遥得永年。

梅园黄昏

信步小城外,寻梅觅旧游。
西风过古寺,落日下荒丘。
老树掠鸦影,空枝垂渡头。
爱花情太切,迁怒恨残秋。

农家即景

十里和风雨,滋滋润故园。
南村瓜尚小,北岸李初甜。
野老晨耕早,渔翁暮钓闲。
家家无憾事,炕上话丰年。

咏风

仙姿秉日月,潇洒走云霄。
恩至百花放,威来万木凋。
推波能起浪,拂袖可平涛。
四季由天转,阴晴任我挑。

江边夕钓

日暮江村外,临风把钓竿。
萋萋芳草渡,郁郁蓼花滩。
浅水鱼群缓,长空雁阵寒。
秋风残照里,苇动系归船。

中秋

壮志酬三五，幽思题素笺。
庭前对冷月，篱畔望夕烟。
何处飞花谢？谁家落叶轩？
晴光如有意，照我步长天。

觅江南

置酒春江上，凄风满画船。
花飞尚有浦，树毁欲无山。
越女新妆好，吴歌旧梦残。
不知云水里，何处话江南。

浪淘沙·黄河秋色

把酒上高楼，
　　北望神州，
西风万里送悲愁。
衰草枯杨黄叶地，
　　借问谁收？

残世苦淹留，
　　几度春秋，
黄河不到意难休。
无限江山常易手，
　　各尽风流。

访友

山中传喜讯,邀我试新茶。
踏云来野渡,临水呼船家。
兰桨惊孤鹜,谷声起乱鸦。
道观千寻岭,风亭万丈崖。
云开观翠嶂,雨过赏烟霞。
谈笑神仙事,醉来梦亦佳。

辞蒋公之北京

松下别师意怅然,怀书千里下营盘。
茫茫前路谁知己,北去孤身何日还?

【注释】

①蒋公:辰师蒋庆先生,当代大儒,著有《公羊学引论》《政治儒学》,建阳明精舍,笃志守道。

②营盘:营盘山,位于贵州省修文县境内,近依龙场,为阳明精舍所在地。

游密云水库

郊游寻野趣,笑语满芳丛。
古树才新绿,山花已火红。
坝高惜步履,日暖上娇容。
天意无先后,春情有淡浓。

南乡子·金陵怀古

飞燕掠江楼,
暮雨潇潇起绿洲。

遥指英雄成败处,
　　荒丘!
惟有长江万古流。

　　多少世人头。
何事频频落未休?
青史由来争不朽。
　　谁留?
尽是人间血泪仇。

谒梁启超先生墓

己卯岁二月廿五,余独往香山踏青,谒梁任公陵。值戊戌百年之祭,梁公墓前,萧然而立,清风两袖,思绪万千。因成一绝,吟罢潸然。

　　浩气苍茫运吐吞,西山脚下梁公坟。
　　百年欲问兴亡事,赤子来招戊戌魂。

二月廿七张家杏园赏花

　　春度秋实任品评,杏花园里话经营。
　　我怜香断不求果,一样花开两样情。

游花溪

　　万艳争春处处忙,桃花作态李花狂。
　　花飞带笑逐流水,十里河溪十里香。

游香山谒曹雪芹故居

笔墨风流黄叶村,烟林曲径掩柴门。
说绝上界千般事,写尽凡间百态人。
木石前盟结退谷,秦淮旧梦铸诗魂。
曹家幸获龙颜怒,始有名山万古文。

【注释】
①黄叶村:北京香山正白旗村。曹雪芹在遭家庭巨变后回京归旗,移居此地,著《红楼梦》。
②木石前盟:语出《红楼梦》:"都只道金玉良缘,俺只念木石前盟。"正白旗村西北方樱桃沟有巨石形似元宝,为宝玉前身神瑛侍者原型;其旁有苍劲古柏出于青石之上,谓之"石上松",为黛玉前身绛珠仙草原型。
③退谷:即退谷书屋,位于樱桃沟,书屋主人为明末进士孙承泽,号退谷,著有《天府广记》。
④秦淮旧梦:曹雪芹祖父辈曾历任江宁织造,富甲天下,曹雪芹少年时期在江南过着锦衣玉食的生活。雍正五年,曹𬸚罢官,南京府第被查抄,曹家北归京城。"诗魂",语出《红楼梦》:"寒塘度鹤影,冷月葬诗魂。"
⑤龙颜怒:指曹家被罢官查抄。

题虎图

寄情山色里,放纵泉石间。
不与凡人伍,只结同类缘。

三月初八雨后新晴出游

信马由缰踏野桥,诗情缕缕伴云飘。
溪翁庄里寻春去,雨后桃花分外娇。

游承德避暑山庄

欲问风流叩帝阍，山容水态更销魂。
移来塞北篇篇画，收尽江南处处春。
芝径云堤留旧韵，烟波爽殿认新痕。
康乾盛世传佳话，马背英雄亦善文。

【注释】

①帝阍：宫门。
②"移来"句：避暑山庄建筑融南北风格为一体，有"北雄南秀"之称。湖区多仿苏杭等江南名胜，北区为平原塞北风光。
③"芝径"句："芝径云堤""烟波爽殿"均为山庄景点之一，前者仿杭州苏堤，后者为皇帝寝宫。"新痕"，因古建翻修，痕迹可辨。
④马背英雄：满人素善骑射，其天下由马背上得之。

承德怀古

武烈河边景色幽，木兰秋狝话权谋。
鎏金铜瓦兴藩教，古道雄关壮帝游。
万国来朝缘顺义，四方一统只怀柔。
但得王道化天下，岂让洋夷践九州。

【注释】

①木兰秋狝：狝（xiǎn），秋天狩猎。清初因内忧外患，清政府开始大规模的练兵活动，其中最主要的就是"木兰秋狝"，后成为定制。
②鎏金铜瓦：清廷为怀柔蒙藏少数民族而尊崇喇嘛，先后于承德避暑山庄外修建了十二座寺庙，统称"外八庙"。其重要建筑均用鎏金铜瓦覆顶，宏伟壮观，世所罕见。
③顺义、怀柔：即顺乎大义、柔远四方归往之意，"顺义""怀柔"也为北京至承德必经的两县之名。

阳明祠怀古

（一）

南荒古道入云高，泪洒秋风湿锦袍。
最是昔时肠断处，寒鸦声里望余姚。

（二）

盖世英名贯九霄，三件不朽傲天骄。
龙场悟道说千载，十亿神州枉自豪。

（三）

扶风亭畔话云涛，悲我圣贤空寂寥。
淡淡儒门何久闭？残碑古树唱离骚。

【注释】
①阳明祠：位于贵阳市东山。明朝大儒王阳明先生谪迁贵州时曾在此讲学。
②余姚：浙江余姚，王阳明先生故乡。
③三件不朽："立德、立功、立言"，为三件不朽之圣事。得其一尚不易，而阳明先生身兼其三，德行、事功、学术均为第一等，流芳千古。
④龙场悟道：明武宗正德元年，王阳明被贬为贵州龙场驿丞。日夜默坐，动心忍性，忽然大悟，从此建立了心学体系。在阳明先生学术思想的变化过程中，龙场悟道是关键所在。

无题

细雨微风春意凉，山声万点入吟窗。
但得好梦留人睡，一树梨花满院香。

谒丰都孔庙

孔庙冥宫各有门,丰都城外冷森森。
可怜一路朝山客,不拜圣贤拜鬼神。

白帝城怀古

脚踏轻舟去,峡江访帝城。
才观碑上迹,犹恨火连营。
可叹桃园义,更惜三顾情。
托孤成败事,一任后人评。

花溪青岩访晚清状元赵以炯故居

古镇木屋榆柳斜,石级深巷状元家。
灯前月下读经史,篱畔墙边种豆瓜。
喜夺文魁逢乱世,恨无伟绩遗中华。
黔中更有圣贤出,尧舜满街人似麻。

访友

(一)

城南寻旧梦,来访故人家。
屋后千年树,园中四季花。
嫩寒邀雨至,新燕随风斜。
寂寞清凉地,谈幺更品茶。

(二)

乡间访道翁,走进画图中。
流水一湾绿,桃花两岸红。

田边栖野鹤,桥上戏村童。
世上无仙境,人间有大同。

游司马台长城

(一)

古塞云天司马台,残垣荒草忆兴衰。
青砖块块砌尸骨,万里长城万里哀。

(二)

登台长啸吊斜晖,血影硝烟未可追。
莫道墙高堪御辱,匈奴几度入重围。

咏竹

檐前郭外舞参差,占尽风情碧玉枝。
篾匠手中成大器,骚人笔底出新诗。
春花秋月世皆有,大节虚怀我独知。
欲看幽篁生命力,明朝雨后遍发时。

游北京恭王府花园

富贵又何为,潇潇乱絮飞。
树老鸦犹占,梁空燕未归。
闲观独乐石,戏触御福碑。
几度房东换,名园可姓谁?

【注释】

①独乐石：恭王府花园有巨石形似擎天之柱，正对大门而立，名曰"独乐峰"，此石怪异，乃王府镇园之宝。

②御福碑：恭王府花园邀月台下有福字碑，相传为皇帝御笔，有导游正色曰："触之吉祥"，故戏触之。

③几度房东换，名园可姓谁：恭王府原系大贪和坤所有，和坤获罪后府邸几经沧桑，数易其主。

修

往圣前贤我自师，十年求道寸心知。
欣然一笑寒窗下，又是读经有悟时。

幽居

思贤灵秀地，久住也心驰。
赏竹初经雨，观花待放时。
树高月后得，日出鸟先知。
饱睡惜幽梦，醒来填妙词。

游昆明海埂民族村

晴波漾岛渚，逸兴满滇池。
鹤渡沙留印，风来柳弄姿。
民俗争怪异，楼阁竟参差。
久慕南疆秀，携游只恨迟。

阳明精舍临别和蒋师二十一韵

山风山雨过往频,山雾迷蒙更均匀。
山中临别无限意,此情默默诉君心。
君心如山亦如海,万物苍生同感戴。
重开儒门传圣道,大情宏旨说千载。
奉元楼上独凭栏,忆斯言兮体高谈。
五百年来兴王事,不在京畿在营盘。
芸芸高朋来精舍,不羡仙风羡儒者。
失节周粟何堪食,耻辱烦忧皆自惹。
月色溶溶水潺潺,正是农闲夜吟时。
山中真意谁人晓,世上荣枯我自知。
夜阑人静聊剪烛,为别浊世乐耕读。
莫道儒生无大用,胸中有道尚有术。
此别悠悠南海去,眷意绵绵如丝缕。
明日山中复相见,满园桃李添几许?

"儒生文丛"第一辑（三册）

一、《儒教重建——主张与回应》
（任重、刘明主编，中国政法大学出版社 2012 年版）

对儒教重建的关注，是当代"大陆新儒家"的一大突出特点。中国自古儒、释、道三教合一，儒教居三教之首。在传统向现代交替的过程中，儒教是否是宗教、儒教是否该重建、儒教在今天应该是何种形态等命题成为学术思想界的热点，不断引发讨论。本书刊载了当代儒家新锐对儒教有关问题的深入讨论和最新看法，为中国现代精神价值体系建设提供了新的思路。

二、《儒学复兴——继绝与再生》
（任重、刘明主编，中国政法大学出版社 2012 年版）

因为儒学是治世之学，与一般的儒学研究者不同，儒门中人学习、研究、弘扬儒学，绝不是为了学术而学术，而是有着明显的问题意识和现实感。儒者、儒生对于儒学，不仅在理念上自觉认同，有明确的身份意识，而且还有着强烈的历史担当，立足当下，直面现实。本书所选编的当代"大陆新儒家"的思想探索成果，对当代中国所遇问题进行了精彩解答，乃"为往圣继绝学"，而非"纯学术"之作，值得一读。

三、《儒家回归——建言与声辩》
（任重、刘明主编，中国政法大学出版社 2012 年版）

尽管儒家在今天的中国已呈回归之势，但人们对他们的所作所为知之甚少。本书对"大陆新儒家"参与当代文化建设的一些事件，如五十四位学者联署发布《以孔子诞辰为教师节建议书》、十名青年博士生《我们对"耶诞节"问题的看法》、五十多个儒家团体《致电影〈孔子〉剧组人员公开函》、十学者《关于曲阜建造耶教大教堂的意见书》,以及参与讨论读经、国学、教师节、通识教育、国服、礼仪、节日等热点问题,予以了集中展示和说明。

"儒生文丛"第二辑(七册)

一、《儒家宪政主义传统》
(姚中秋著,中国政法大学出版社 2013 年版)

全书着力探讨中国历史上两个立宪时刻儒家之理念筹划和政治实践,即汉初儒家进入政体、驯化秦制,与近百年来儒家构建现代国家。就前者,重点解读董仲舒"天人三策",阐明其天道治理观之宪政主义意涵。就后者,通过思想史的梳理,揭明现代中国存在着一个保守—宪政主义的思想与政治传统。

二、《儒家文化实践史(先秦部分)》
(余东海著,中国政法大学出版社 2013 年版)

《儒家文化实践史(先秦部分)》共两部。从儒家道统的角度,对先秦历史和历代政权进行梳理和评判。第一部:大同王道的原始模式(尧、舜、禹);第二部:小康王道的三代实践(夏、商、周)。《儒家文化实践史(先秦部分)》旨在:集儒家外王学之大成,揭道德实践史之真相,破先秦政治史之天荒。这是一本与众不同的关于中华政治、历史和儒家义理之书,道眼烛史,新见迭出。

三、《追望儒风》
(米湾著,中国政法大学出版社 2013 年版)

本书收录作者历年来课余之暇各种机缘下所撰文字,约二十万言。或议或叙,或文或白,修短随意,不拘一格,其要则欲追武前修，跂望儒风也。略分六部分：儒学视野中之现实问题；儒学讲演；儒者传论；时论短评；游访纪事；实用文笔。得也失也，达者鉴之。

四、《赫日自当中——一个儒生的时代悲情》
（张晚林著，中国政法大学出版社 2013 年版）

本书是作者多年来浸润圣学之心得与体会，固然与其精研儒家经典有关，但绝非徒从读书得来，更有其切磋砥砺之功，故非有切身之痛痒、谨策之信仰，不可读其书也。本书内容共分五个部分：第一部分校正了社会大众对儒家相关义理之误解，以确立儒学之纲目与信仰；第二部分痛斥当代职业化教育对儒家教育精神的背离，以期回到儒家之人文精神之中，匡扶人心；第三部分乃以心性学重述儒家之婚姻伦理精神，以批判当代社会把美学形态之爱情作为唯一基点的婚姻观，由此而修身齐家，和谐社会；第四部分资儒家之根本义理，以隽永之小品文，思考当今社会之相关问题，其形式虽短小精微，但其理却博厚悠长；第五部分乃作者与友人之论争与讲辞，以见作者捍卫与宣扬儒学之决心与情怀。总之,本书乃作者用"心"之验，而非"才"气之作，有心者当善会也。

五、《"亲亲相隐"问题研究及其他》
（林桂榛著，中国政法大学出版社 2013 年版）

"亲亲相隐"问题是横跨文、史、哲、法诸领域的一个重大问题。本书对孔子"父子相为隐，直在其中矣"是何语义、唐律以来中国古代法制或律典中的"亲属得相容隐"为何内容、"亲属得相容隐"与"干名犯义"两律制有何区别、"亲属得相容隐"和汉律"亲亲得相首匿"有何区别、柏拉图或柏拉图笔下的苏格拉底是否赞成 Euthyphro "告父杀人"为绝对虔敬或公正及何理由等做出系统辨正；以"不显"及"知而不言（隐默）"训正"隐"，以

"视"及"辨别是非"训正"直",以"容许什么样亲属对犯案人什么样行为保持沉默不发"训正唐律以来的"亲属得相容隐"律条,从而指出"亲属得相容隐""亲亲得相首匿"是权利设置而"干名犯义"等不许告亲尤告尊亲是义务设置,且"亲属得相容隐"仅仅是指言语行为而非其他行为。本书另有《孟子》"徒法不足以自行"究竟何意、儒家思想与人权话语的交集、儒家应该向基督教学习什么、儒家书院的文化功能与重建前景等专论,视野开阔,内容丰富,思想锐利,见解独辟,于儒家礼乐刑政问题多有阐发及学术辨正。

六、《闲先贤之道》
(陈乔见著,中国政法大学出版社 2013 年版)

本书所收录的文章,以儒家义理为中心,以儒学辩诬为羽翼,以中西比较为背景,辅以学术评论和短议,对儒家伦理尤其是"亲亲互隐"、仁义孝弟、公私观念等皆有自己独到的理解和阐释,对中西哲学中的论说方式、思维方式、家庭观念、伦理特质等提出了一些新颖的见解。作者秉持独立思考之精神,不苟同于学术权威,不苟合于流俗之见,字里行间流露出作者闲先圣之道、阐儒学之蕴、解现实之惑的思想旨趣和现实关怀。

七、《政治儒学评论集》
(任重主编,中国政法大学出版社 2013 年版)

本书以蒋庆先生"政治儒学"思想为中心,收录了来自各界的学术论文和思想性评论。甲编为儒门内部批评,乙编为较有明显思想立场的儒门外部批评,丙编为较为中立的评论。

"儒生文丛"稿约

出版目的：弘扬儒学，提携后学，促进各界对儒家的全面了解，推动中国学术繁荣、文化发展、社会进步、民族复兴。

征稿对象：自觉认同儒家的学术研究者，主动弘扬儒学的社会实践者。

内容要求：学术性与社会性相结合，要有担当意识、价值关切和文化情怀。既收编学术研究专著，也收编各界同道的弘道文集。学术论文要言之成理，文化评论要立场明确，经验总结要翔实严谨，诗文随笔要有儒家趣味。

投稿程序：请作者投稿至主编电子邮箱（rujiarz@126.com）。主编初审后交"儒生文丛"学术委员会审议。若学术委员会审议通过，则列入下一辑出版计划。

学术委员：蒋　庆　陈　明　康晓光　余东海　秋　风

"儒生文丛"主编任重　敬告